되돌아가고 싶은 날들

되돌아가고 싶은 날들

석순옥 지음

도화

| 작가의 말 |

어느덧 살아져 온 지 70년이 흘러갑니다.
그리움은 그리움대로 슬픔은 슬픔대로 가슴 속에서 떠날 줄 모릅니다.
어느 날 신부님의 말씀에 새삼 그렇구나! 수긍하게 되었습니다.
믿음이란 "기우제를 지내러 가면서 우산을 챙겨가는 마음이다."
아들은 하느님 곁에서 모든 기쁨을 누리며 지내고 있다고 믿고 살아왔습니다.

그렇게 지내온 지 20년이 지났습니다.
한줄 한줄 마음을 옮겨 적어 온 것도 그렇게 되어갑니다.
누구와 같이 일기를 매일 써 본 적도 없고, 책을 가까이 한 문학소녀도 아니었습니다.
아들을 천국에 유학 보내놓고 이 세상보다 더 좋은 천국에서 더 기쁜 생활을 하고 있을 거라는 믿음으로 마음을 그려놓은 글들을 모아 10주기에 한 권, 20주기를 지내며 또 한 권의 책으로 엮어 보았습니다.

아들에게 전할 수 있는 보잘 것 없는 선물이라 생각합니다.
이 글을 보고 엄마의 그리움과 이곳에서의 생활을 엿보아 다시 만날 그때 금방 알아봐 주기를 바라는 그리움의 편지가 되었으면 소망해 보기도 합니다.

그리움은 독일에 있는 손자 손녀에게 옮겨집니다.
생각만으로도 이쁜 미소를 띤 마음 착한 할미가 되어갑니다.
보고 싶은 마음이 깊어지면 하늘길을 따라 훌쩍 떠나기도 하니 일석이조의 기쁨을 가끔씩 누려봅니다. 사랑하는 사위와 딸에게 고마움을 전합니다.

슬픔과 아픔에 헤매고 있을 때 마음을 글로 표현해보라던 따듯한 그분은 지금도 옆에서 힘이 되어주며 문학회 활동을 함께하고 있습니다. 가족 같은 문학 회원들에게 감사드리며 농촌에서 자연과 함께 누리는 소소한 행복을 하나둘 전해드리고 싶습니다.

새들의 지저귐과 길고양이들의 눈 맞춤이 일상이 되어버린 생활, 흙과 가까이할 수 있음에 무엇보다 고마운 요즈음입니다.

2025년 9월 7일 퇴촌에서

목차

작가의 말

01
그리운 마음

남은 자의 아픔 · 12
5년 만의 답장 · 15
라디오와 일기예보 · 22
하루하루 타들어 가는 가슴 · 25
되돌아가고 싶은 날들 · 29
인연 · 34
손을 놓지 못한 채 · 39
꿈속에서 · 43
화 세 · 47
새가 되어 · 54
아들 보내던 날 · 60
그리운 마음 · 67

02
그리움의 입맞춤

가족사진 · 74
40도의 사랑 · 80
그리움의 입맞춤 · 84
친정엄마 · 89
엄마의 부엌 · 95
온돌방 · 99
손자 사랑 · 102
얼룩진 다이어리 · 107
슬픈 동백 · 112
또 다른 인연 · 117

03
세월의 흐름속에

느티나무의 추억 ·124

연시와 인생 ·130

세월의 흐름 속에 ·135

새들과 함께 ·140

오는 봄의 불편한 진실 ·146

오월의 하루 ·150

인생의 오후 ·154

황소의 눈물 ·159

흔적 ·165

그리움은 내곁에 ·170

고향을 지켜줄 고목 ·175

04
행복 찾아가기

한해살이 풀 · 182

행복 찾아가기 · 186

관계 속에 살아간다는 것 · 190

다른 생각 · 195

돌밥돌밥돌밥 · 199

상처 · 204

생각의 차이 · 208

아무튼, 주말 · 213

왜 혼자가 되면 · 218

시간 여행 · 223

05
흙과 함께하니 좋은 날

7평의 짭짤한 재미 · 230

농촌의 새로운 멋 · 235

마지막 터전 · 240

준비 없는 이별 · 244

아스팔트 위에 민들레 · 248

자연을 품은 작은 씨앗 · 252

흙과 함께하니 좋은 날 · 258

꿈꾸는 작은 정원 · 263

감이 익어가는 시간 · 268

황금들판 보는 것만으로도 좋은데 · 272

후기

01 / 그리운 마음

남은 자의 아픔

　오늘같이 비가 내리는 날이면 내 가슴에도 싸늘한 빗줄기가 흐른다.
　봄비는 새로움과 희망을 가져다준다지만 추위와 외로움을 안겨 주는 가을비는 사랑하는 사람을 떠나보낸 이들에겐 더욱 마음을 아프게 하는 존재이다.
　누구나 만나면 반드시 헤어짐이 있다는 것을 알고 있다. 서로 만나 사랑하고 헤어지는 사람들, 부모와 자식이 떨어져 있어야 하는 것만으로도 얼마나 큰 아픔인지 드라마를 보면서도 눈시울을 적시곤 한다.
　올해는 유난히 각종 사건 사고로 영영 만날 수 없는 곳으로 떠난 사람이 많다. 연천 군부대 총기 사고, 파주 군부대 훈련 중 일어난 익사 사고, 엊그제 콘서트장의 압사 사고, 이천 공사장의 사고 등 눈물이 마를 날이 없다. 많은 사람이 하늘의 명이 아닌 불의의 사고로 죽음을 당하고 있다.

군에 아들을 보낸 부모는 제대하는 날까지 다리를 못 펴고 잔다. 매일 자식 걱정이다. 나도 예외는 아니었다. 겨울이면 눈이 내려야 제멋이지만 올겨울에는 눈이 안 와서 다행이라고 여기며 새해를 맞았다. 그러던 중 지난 1월 18일 차마 말할 수 없는 아픔을 겪어야 했다. 청천벽력이었다.

지난해 8월 말 군에 입대한 아들을 아프다는 말 한마디 들어주지 못하고 하늘나라로 보내야만 했다.

열 달이 지난 지금도 믿기지 않아 환하게 웃는 아들 사진을 곁에 두고 얘기하는 때가 한두 번이 아니다. '좋은 곳에서 잘 지내고 있지? 춥지는 않지?' 하며 다시 만날 날만을 기다리며 지내고 있다.

젊은 나이에 할 일이 많은 청년이 피어 보지도 못한 채 세상을 떠났다. 캠퍼스의 꿈을 뒤로하고 하고 싶은 일이 얼마나 많았을 텐데, 그 꿈은 아직 펼쳐 보지도 못했다. 국방의 의무란 이름으로 안타깝게 떠나야만 했던 아들이 너무나 불쌍하다. 부모로서 아무것도 해 주지 못한 게 한이 되고 내 자신이 밉도록 미안하다. 믿음직스런 얼굴을 보며 얼마나 대견하고 자랑스러웠는데 이젠 아무런 희망이 없다. 슬픔뿐이다.

　모든 사람은 한 번 태어나 한 번은 죽는다. 그러나 그 한 번의 시기가 이르면 이를수록 그 슬픔은 더욱 크다. 더구나 자식을 먼저 보내고 가슴에 묻는다는 것은 온몸을 갈기갈기 찢어내는 아픔이다.

　20년 이상을 품에 안고 다 키워 안심하고 군에 보낸 아들을 말 한마디 못 하고 보냈다면 어느 부모가 제대로 지낼 수 있겠는가. 살아남은 이들의 가슴이 얼마나 쓰라린지, 얼마나 많은 슬픔과 아픔으로 자식을 가슴으로 안고 지내야 하는지 누구에게 물어볼 수도 없다. 아무에게도 말 못 하고 혼자만의 아픈 가슴을 쓸어내리며, 하늘나라에 있을 아들을 생각한다. 이곳처럼 춥지도 않은 편안한 곳에서, 여기서 못 한 일이 있다면 더 좋은 세상에서 모두 이루기를 바라는 마음으로 하루하루를 지낸다.

　어떤 이유로든 한 번의 시기를 잘못으로 먼저 떠나야 했던 젊은이들이 먼 하늘을 훨훨 날아 예쁜 구름이 되고 새가 되었으면 한다. 다음에는 또 다른 세상에서 영원한 만남이 있기를 바랄 뿐이다. 매일매일이 가슴을 쓸어내리는 아픔이다.

5년 만의 답장

　무더위를 피해 산과 바다, 계곡을 찾아 휴가를 떠나는 이른바 바캉스의 계절입니다. 장마의 끝자락이어서인지 무더위가 기승을 부리고, 매미들의 외침이 더욱 어디론가 멀리 떠나고 싶은 충동을 느끼게 합니다. 갑자기 한석규가 주연했던 영화 〈8월의 크리스마스〉가 머리를 스칩니다.

　우리 아들 정현이는 2004년 8월 31일 군에 입대하여 한여름 3개월간의 고된 신병 훈련을 끝내고, 그해 12월 초 우리나라에서 춥기로 유명한 강원도 철원의 작은 산골 마을 부대에 배치를 받아 군기가 바짝 들은 신병 생활을 시작했습니다. 유난히도 추웠던 그해 겨울 크리스마스를 보낸 며칠 뒤 한 해를 마무리하며 사랑하는 가족 앞으로 가슴 찐한 편지를 보내왔지요. 그리고 얼마 지나지 않아 북방 한계선 초소에서 보초 근무를 마치고 귀대하던 중 진눈깨비 빙판길에서 운전병의 부주의로 차량이 전복되는 사고를 당해 영영 돌아오지 못할 길을 가고 말았습니다.

답장해 줄 겨를도 없이 저세상으로 떠나 버린 아이. 말 한마디조차 나누지 못하고 떠나보내야 했던 착한 아들에게 아무것도 해 줄 수 없는 안타까움에 늘 미안한 마음으로, 아니 죄인의 심정으로 살아온 지난 5년여 세월입니다.

이제 그동안 가슴에 묻어 두었던 엄마의 마음을 글로 적어 답장을 하려 하니 '주소는 어디로 해야 할까? 이 글을 볼 수 있을까? 답장을 써야 무슨 의미가 있지?'라는 생각이 듭니다. 마지막 편지에서 첫 휴가 나오면 사랑하는 가족과 휴가를 보내겠다고 한 아이, 맏아들로서의 책임감이 흠뻑 묻어나는 편지를 지금도 꺼내 읽어 가려 하면, 아이 없이 지낸 시간의 회한과 함께 하늘나라를 향해 답장해야만 하는 현실에 못내 안타까울 뿐입니다.

천사들만이 사는 평화롭고 아름다운 곳, 꿈과 희망으로 가득 찬 천국을 수취인 주소로 하려 합니다. 그리고 받는 이는 하늘나라에서도 제일 멋지고 착한 아들 정현이라고 쓰려 합니다. 아이가 이승에서 못다 한 공부와 하고 싶었던 많은 것을 천국에서 이루기를 소망하는 엄마의 간절한 마음이 꼭 아이에게 전달될 거라는 믿음을 가지고 5년여 만에 답장을 씁니다.

사랑하는 아들 정현이 보아라

정현아 정말 정말 많이 보고 싶구나! 정현이도 엄마가 많이 보고 싶지? 사진으로야 매일 만나 얘기하고 너를 느낄 수 있지만 너를 직접 볼 수 없고 만질 수 없으며 주고 싶은 것이 많은데 네가 옆에 없다는 게 그저 안타까울 뿐이란다. 엄마가 정현이 그리워하는 마음 우리 정현이도 같을 거라 생각하면서 참고 또 참으며 지낸단다.

정현아! 그곳은 춥지도 않고 아주 좋은 곳이지? 추운 곳 철원에서 보초 근무하며 고생하던 너를 생각하며 얼마나 마음이 아팠는데……. 엄동설한에 북한을 눈앞에 두고 얼마나 마음을 조아렸을까. 3시간 보초를 서고 나면 몸이 꽁꽁 얼어붙어 말하기조차 어려웠을 텐데 그런 몸으로 사고를 당하고도 옆 고참병에게 아프지 않느냐는 말까지 했을 만큼 사리분별이 분명한 네가 왜 지금 엄마 곁에 없는지 지금도 이해할 수가 없구나.

정현아! 엄마는 너한테 정말 미안한 마음뿐이야. 끝까지 보살펴 주지 못해서, 아플 때 옆에 있어 주지 못해서 정말 미안하고, 해 줄 게 많은데 해 준 게 너무 적어서, 제대하면 차 사 준다고 했는데 차도 못 사 주고, 직장 다닌다는 핑계로 음식도 제대로 해

주지 못하고, 네가 모으고 싶어 하던 브랜드 운동화도 더 많이 사 줘야 하는데…….

사고 당시 아픔을 참으며 엄마를 얼마나 찾았을까? 생사를 넘나드는 상황 속에서도 사랑하는 가족을 생각했을 네 모습을 떠올리면 가슴이 찢어지고 뭉개져 숨을 가눌 수가 없다. 언제나 착하디착하고 천진하게 자랐을 뿐 아니라 엄마를 그렇게 생각하고 가족을 사랑한 너였는데. 5년이라는 세월이 흘렀지만 지금도 믿겨지지 않아 하루도 빼놓지 않고 먼 하늘을 멍하니 바라보며 너를 그리워한단다.

정현아! 하지만 걱정하지 마. 이젠 정현이가 하늘나라에서 우리 가족 지켜 주고 있어서 민정이, 아빠 모두 열심히 일하고 공부하고 있으니까. 하나밖에 없는 네 동생 민정이도 이제는 대학 졸업을 앞두고 취업 준비에 바쁘단다.

아침이 되면 늘 너의 체취를 느낄 수 있는 네 방을 열며 하루를 시작하고, 밤이면 잠자리에 들기 전 네 방문을 닫으면서 하루의 생활을 정리하곤 한단다. 착한 아들! 예쁜 아들! 엄마가 사랑해. 당장이라도 "엄마" 하면서 품에 안길 것 같은 착각에 빠질 때면 애간장이 타 들어가는 심정이지만 네가 어디에 있든 영원히 엄마 가슴엔 네가 있기에, 너의 마음이 엄마 마음까지 전해 오기에 오늘도 이렇게 웃으며 살아갈 수 있단다.

다시 만날 날을 기약하며 그동안 못 해 준 것들은 천상에서 만나면 모두 해 줄게. 우선 우리 아들 꼭 안아 주고 뺨에 뽀뽀를 해야지! 그리고 그동안 못 사 준 옷이며 취미로 모아 오던 운동화도 많이 사 줘야지. 차도 필요하면 네가 원하는 걸로 사 주고……. 네가 무척이나 좋아하던 탕수육, 삼겹살도 해 주고, 통닭, 피자도 사 주고 맛있게 먹는 모습을 보면 그것으로 엄마는 충분히 행복할 거야. 생각만 해도 가슴이 벅차오르고 환하게 웃는 네 모습이 눈앞에서 아른거리는 구나.

정현아! 오늘밤 아니 새벽에라도 한 번만 와 주면 안 되겠니? 엄마 한 번만 안아 주고 가면 안 되니? 정현아, 정현이는 어디에 있든 엄마 아들이고 우리 가족이란다.

혼자 있다고 외로워 말고 항상 엄마 아빠가 함께 있으니 그곳에서도 늘 행복하기를 기도한다.

정현아! 그 추운 철원 평야에서 지내며 야간 보초 근무가 힘들게 느껴질 때도 있지만 다른 모든 이가 편히 쉴 수 있어 뿌듯하다고 했지. 그리고 밤하늘의 반짝이는 별을 보며 사랑하는 가족을 생각할 수 있는 시간이 주어진 것에 감사하다고도 했지?

첫 휴가 나오면 사랑하는 가족과 정말 재미있는 시간 보내고 싶다고 했는데 첫 휴가의 기쁨도 모른 채 다시는 돌아올 수 없는 하늘나라로 여행을 떠나 버렸구나.

　민정이가 대학에 들어가 저녁 늦게 들어오면 안 된다며 빨리 군 생활 마치고 집으로 돌아와 일찍 귀가하게 해야 한다고 했던 네가 그리워지는구나. 컴퓨터, 텔레비전, 애지중지하던 자그마한 전축도 네 손이 안 가니 손볼 사람이 없단다.

　이제 네가 살았던 집으로 이사를 했기에 네 집, 네 방, 신발장의 신발들, 네가 입던 옷들이 너를 기다리고 있으니 언제라도 오기만 하면 되는데……. 네가 없는 자리는 아직도 그냥 그대로 비어져있단다. 언제라도 다시 올 수 있다면 돌아와다오. 보고 싶은 내 아들 착한 정현아! 가끔 온라인상 현충원의 창을 통해 엄마의 마음을 전하곤 했지만 너의 마지막 편지에 대한 답장은 5년여 만에 아주 늦게 쓰게 되었구나.

　비록 세상에 없는 너를 향해 써야만 하는 게 아쉽지만 그래도 답장을 할 수 있어 조금이나마 마음의 짐을 덜게 되었단다. 이곳에서 못다 한 일 그곳에서 모두 이루고 하느님의 사랑으로 평안과 행복이 늘 함께하길 기도할게.

　언제나 보고 싶고 사랑한다. 정현아!

2009. 8. 1. 엄마가

너무 오랜만에 보내는 답장이라 이 얘기 저 얘기 적어보았지만 차마 지금의 내 심정을 아들에게 솔직하게 얘기할 수는 없습니다. 엄마의 아픈 마음을 전하면 우리 정현이 마음은 더 아플 테니까요. 착한 정현이가 늘 그렇게 대답했답니다. 한여름 군에 입대하여 무더위 속에서 훈련 받으면서 고생했을 텐데 언제나 괜찮다고, 추운 겨울, 나무 한 그루 없는 황량한 허허벌판에서 보초를 서며 추웠을 텐데 언제나 참을 만하다고……. '엄마한테 힘들다고 말하고 싶었지만 엄마가 더 힘들어하실까 봐 말하지 못했다'라는 이야기를 내무반 일기장에 눈물로 깨알같이 적어 놓은 그런 아들한테 어떻게 아프다고, 힘들다고 말할 수 있겠습니까. 우리 정현이가 그렇게 참고 견디었듯 나도 우리 아들을 위해 그렇게 참으며 다시 만날 날을 기다리며 지내려 합니다.

라디오와 일기예보

"고민이 없는 사람은 무덤에 있는 사람뿐이래요."

라디오에서 흘러나오는 음악 방송 디제이 멘트이다. 이것저것 신경 쓸 것이 많고 생활하기 어려움을 비유해서 하는 이야기이다.

언제부턴가 아침에 눈 뜨면 라디오를 켜는 습관이 생겼다. 새로운 소식을 접하기보다는 아침의 적막함을 깨기 위해선지도 모른다. 매일 늦게 퇴근해 잠자리에 들고, 아침이면 챙겨 주는 밥 한 수저 간신히 뜨고 출근하는 남편과 나누는 말 몇 마디가 전부인 아침 시간을 라디오에서 흘러나오는 소리가 메워 주기를 바라는 마음에서다.

아침밥을 준비하는 7시경이면 어김없이 그날의 일기예보가 빠지지 않는다. 오늘 아침 벌써 기온이 떨어져 산간 지방엔 얼음이 어는 곳이 있다는 예보를 듣고 '올겨울엔 무슨 생각을 하며 일기예보를 듣지?' 하는 순간 가슴이 울컥하고 흐르는 눈물을 주체할 수 없다.

겨울이면 일기예보에선 어김없이 철원 지방의 최저 온도를 방송한다.

그러면 철원 부대에서 보초 서고 있는 아들을 생각하며 추워서 어쩌나 하는 아픈 마음으로 아들을 걱정하고, 전화기 너머로 들리는 떨리는 목소리에 추워서 어쩌느냐고 물으면 그 매서운 추위에도 괜찮다고 하던 아들이 있어서 얼마나 믿음직하고 고마웠는지. 가족이 편안하게 지내고 있을 걸 생각하면 추위도 참을 만하다고 하던 말이 지금도 귀에 쟁쟁한데…….

올겨울엔 일기예보를 들으며 '춥지 않은 하늘나라에서 편안하게 잘 지내고 있겠지!' 하며 편안한 마음으로 지낼 수 있을까? 아니 추위에 고생만 하다 엄마라는 말 한마디 하지 못하고 보고 싶어도 영원히 볼 수 없는 곳으로 떠난 아들을 생각하며 눈물로 가슴을 채우게 될 것이다.

오늘도 어김없이 라디오를 켜고 일기예보를 듣고 철원의 날씨에 귀 기울인다. 그리고 하늘나라에서 우리를 지켜 주고 있을 아들을 생각하며 하루 일과를 시작한다. 아무 근심 걱정도 없는 편안하고 좋은 곳에서 지내고 있을 거라 믿지만 오늘도 미어지는 가슴을 쓸어안는다.

고민이 없는 사람은 무덤에 있는 사람이라 했듯 아들을 생각하는 마음은 나에게도 그럴 것이다. 아들은 가고 없지만 그 흔적은 그대로, 모든 것이 그대로여서 더욱 밉고 그리워진다.

이젠 고정되었던 사이클을 옮겨 다른 곳으로 귀 기울여 볼까? 텔레비전으로 허전함을 채워 볼까도 시도해 봤지만 아직은 익숙한 게 안정감을 안겨 준다. 생각을 바꾸면 모든 것이 변한다지만 곁에 없는 아들을 잊으려 습관을 바꾸고 싶지는 않다. 아침이면 라디오를 켜고 일기예보를 들으며 아침을 준비하고, 아들을 생각하면서 똑같은 오늘을 시작하련다.

하루하루 타들어 가는 가슴

　　아들을 군에 보낸 부모라면 모두 같은 마음일 것이다. 오늘로 천안함 침몰 7일째이지만 아직도 실종자에 대한 소식은 깜깜하기만 하다. 언론 보도에만 급급하며 까맣게 타들어 가는 부모들의 가슴을 어떻게 어루만져 줘야 하는지 모르는 것 같이 자식을 둔 엄마로서 답답하고 억장이 무너질 뿐이다.
　　무작정 기다려야만 하는 부모들의 가슴은 까맣다 못해 숯덩이가 되어 몸을 가눌 수도 없을 것이다. 낮이면 검푸른 바닷물 집채 같은 파도 속에, 밤이면 무엇이라도 삼켜 버릴 듯한 철렁이는 어둠 속에, 40미터 이상의 깊은 바닷속에서 아픔과 배고픔을 이겨 내며 부모를 기다리고 있을 아들을 생각하면 1시간도 기다릴 수 없을 텐데. 엎친 데 덮친 격으로 왜 이리 날씨는 안 좋은지 구조 작업이 난항을 겪고 있다. 실종자 가족들의 몸과 마음은 더욱더 지쳐 정신을 잃고 쓰러져 병원으로 이송되고, 울 힘조차 잃어 가고 있다고 한다. 누가 그 심정을 헤아려 줄 것인가? 자식을 먼저 보낼지도 모른다는 안타까움과 한 가닥 희망이라도 버릴 수 없는 부모의 심정을 누가 대신해 주겠는가?

군이 예상했던 생존 시한은 69시간이라 했는데 발표 시간의 두 배가 되는 시간이 흐르고 있다. 그래도 부모들은 살아 있다는 한 가닥 희망으로 지친 몸과 마음을 지탱하며 아들을 만날 수 있다는 기다림으로 하루를 백 년같이 힘든 시간을 지키고 있을 것이다. 사십육 명 모두가 무사히 우리 곁에, 아니 기다림에 지친 가족들 앞에 돌아오기만을 기다린다.

사고 당일 26일부터 1일까지 실종자 가족 중 열두 명이 실신하거나 고열 등을 호소해 병원으로 옮겨져 치료를 받았다고 한다. 그리고 "더딘 구조 작업뿐만 아니라 일부 언론의 부정확한 보도가 우리를 더 지치게 한다."라고 말했다. 일분일초가 불안한 상황에서 부정확한 방송이 나오면 순식간에 천당과 지옥을 오간다는 것이다. 오보는 부모들을 두 번 죽이는 것이라 했다. 하루빨리 정확한 사고 원인은 물론 시급한 구조 작업으로 부모들의 마음을 안정시켜 주기를 바란다.

자식을 먼저 보낸다는 것이 얼마나 큰 아픔인지는 당해 보지 못한 사람들은 모를 것이다. 20년 이상 온갖 정성을 다해 키운 아들이 국민의 의무를 다하기 위해 군에 입대했는데 갑작스런 사고로 말 한마디 못 하고 떠난다면 누가 아들을 군에 보냈겠는가.

아들을 군에 보낸 부모들은 모두 그럴 것이다. 아침부터 저녁까지 정말 눈에 넣어도 아프지 않을 자식을 위하여 기도하고, 한순간도 빼놓지 않고 생각하고 또 그리워하며 매일매일을 문에 기대어 무사히 돌아오기만을 기다린다. 추우면 추운 대로, 더우면 더운 대로 고생하는 자식 생각에 온종일을 보내는 것이 부모이다. 더군다나 최전방이나 위험 지역에서 근무하는 아들이면 그 걱정은 배가될 것이다.

지금 제일 중요한 것은 우리 사십육 명의 아들을 구하는 것이다. 일주일 이상을 초죽음으로 기다리고 있는 부모들에게 하루 빨리 한 가닥의 희망을 안겨 주는 것이리라. 원인이야 어찌되었든 사고를 당한 입장에서 생명의 존귀함을 먼저 생각해야 한다. 앞으로 할 일이 많은 꽃봉오리들을 그대로 보낼 수는 없다. 살아 있는 것은 모두 행복하다고 했다. 사십육 명의 아들이 모두 살아 있기만을 기도한다.

"사람은 왜 사는가?"라는 물음에 행복하기 위해서 산다고들

대답한다. 그 행복의 근원은 가정이고 자식이라 생각한다. 진정한 웃음과 기쁨의 맛을 느끼지 못한 채 덧없이 살아가야 하는 부모가 더이상 생기지 않기만을 바랄 뿐이다.

  5년 전 하나뿐인 아들을 군에 보낸 지 4개월 만에 하늘나라로 떠나보냈다. 아들이 무척 보고 싶고 그립다.

되돌아가고 싶은 날들

　내일의 희망보다는 지난날의 그리움이 앞서는 것은 나이 때문일까?
　누구든지 지난날을 회상해 보면 그때가 그리워지고, 그 시간 속으로 되돌아가고 싶은 충동을 느끼곤 한다.
　10년 전인 2000년, 우리 가족에게 2년 6개월 동안 일본에서 생활할 기회가 있었다. 남편이 직장에서 실시하는 해외연수 프로그램에 선택되어 가족 모두가 함께 떠나기로 한 것이었다. 처음에는 아이들의 반대도 있었지만 두 번 없는 기회라 생각하고 어렵게 결정을 했다. 나 역시 20년 이상 다니던 직장도 그만두고 따라가야 했지만, 아이들을 위한 일이라 결심했다.
　낯설고 말도 통하지 않는 나라에서의 생활은 어려움도 많았지만 새로운 환경을 접한다는 기대감도 있었다.

이웃 나라 일본에 도착하니 무엇보다 아이들의 언어가 문제였다. 곧바로 일본 학교에 입학하여 수업을 듣는 건 어려움이 많았으나, 6개월 정도 지나니 적응하고 따라 주어 정말 다행이었다. 처음에는 이지매가 심하다는 학교생활에 적응하지 못하고 되돌아오면 어쩌나 하는 불안감도 있었다. 하지만 일본인들의 친절함과 배려로 많은 도움을 받았다.

한 예로 딸아이의 중학교 교감선생님은 직접 별도의 시간을 내어 일본어를 지도해 주기도 했다. 아들은 유학생들에게 지도를 받아 현縣에서 운영하는 시립고등학교 입학시험에 합격하는 기쁨도 얻었다. 말도 제대로 통하지 않는 학교에서 합주부에 들어가 호른을 연주하던 딸, 댄스 동아리에서 친구들에게 춤을 가르치며 인기를 끌었던 아들, 어려운 환경에서 잘 참고 적응해 준 아이들이 무척 고마웠다.

무엇보다 결혼 전부터 직장 생활로 집안일, 특히 아이들을 잘 보살펴 주지 못했는데 이제는 할 수 있는 기회가 주어졌다는 게 큰 기쁨이었다. 아는 사람 하나 없는 외국 생활에서 가족밖에 없음을 더욱 깨달았다. 식구들 뒷바라지가 내 생활이라 생각하고 남편과 아이들을 위해 최선을 다했다.

딸아이가 유치원에 다닐 무렵이 생각난다. 주말에 동네 슈퍼라도 함께 가는 길이면 손에 꼭 매달려 우리 엄마라고 친구들에게 자랑이라도 하듯 "엄마 엄마" 하며 재잘대던 모습, 길에서 마주치면 엄마 품으로 달려 오던 딸아이들의 모습이 아직도 눈에 선하다. 아이들은 그동안 말하지는 못했어도 집에서 함께 있는 엄마를 그리워하며 지냈던 것 같다.

일본 집은 온돌이 없는 마루나 다다미방이다. 우리가 살던 조그만 아파트도 다다미방이 하나, 나머지 두 개는 마루방이었다. 여름이면 시원해서 좋지만 겨울에는 추위를 이겨 내기 위해 전기장판과 조그만 난로 하나로 겨울을 보냈다. 너무 추운 날씨엔 온기라도 더하기 위해 한 방에서 네 식구가 살을 부비며 지냈고, 유난히 차가운 아들의 발을 녹여 주려 손으로 감싸고 가슴에 품어 주었던 그때가 더욱 그리워진다.

집 근처 슈퍼를 하루가 멀다하고 아이들이 좋아하는 것을 고르고, 학교에서 돌아오는 시간에 맞춰 저녁상을 준비했다. 넓지 않은 거실이지만 늘 네 식구가 아침저녁을 같이했다. 그리고 일본 음식이 입에 맞지 않아 김치와 깍두기는 꼭 담가 먹었다.

나도 모처럼 외국 생활을 통해 많은 것을 경험했다. 한가한 시간을 이용해 일본어 교실, 학원, 다도회, 한국요리 모임 등에 참석하여 일본어를 배우고, 여러 나라 사람들과 어울리며 우리나라를 알리기도 했다. 지역에 사는 한국인들을 연결해 주는 역할도 하고, 봉사 활동에도 참석하는 등 나름대로 의미 있는 외국 생활을 즐겼다.

그중 가장 보람되고 기뻤던 일은 외국인들을 대상으로 시행하는 일본어 능력시험 1급에 합격했을 때이다. 아들, 딸, 나, 이렇게 셋이 함께 응시하여 한 교실에서 시험을 치르고 모두 합격하여 좋아했던 기쁨은 지금도 가슴속에 그대로 남아 있다. 낯설고 어려운 일도 있었지만 2년 6개월 동안 일본에서의 생활은 영원히 잊지 못할 아름다운 날들로 기억된다.

사랑하는 아들은 지금 내 곁에 없다. 가족의 일원으로 함께 있어야 할 아들은 지금 사진으로밖에 볼 수 없다. 스물세 살의 착한 아들은 군 복무 중 차량 사고로 우리 곁을 떠났다. 엄마의 마음도 모른 채…….

지금 함께할 수 없기에 더욱더 그 시간이 그리워진다. 가끔 눈을 감고 그때의 생활로 되돌아가 여러 모습을 떠올려 보기도 한다. 그때의 행복했던 일들을 되새기며 위안을 받기도 한다. 그래서 사람들은 되돌아가고 싶은 날들이 있으리라.

01 그리운 마음 33

인연

작은 가방에는 손에 잡히기 쉬운 수필집이 하나 있다. 언제라도 마음 내키면 꺼내 볼 수 있는 휴대용이지만 그것을 가장 즐겨 찾는 곳은 버스이다. 운전을 못하는 나에게 버스는 이동 장소가 되기도 하지만 가방 안에 숨어 있던 이야기들이 숨을 쉬는 공간이기도 하다.

6여 년 전 일만 겁의 소중한 인연, 천륜으로 만난 자식을 군에서의 갑작스런 사고로 먼저 보내야 했다. 슬픔에 빠져 아무것도 할 수가 없었다. 살아갈 이유가 없고 자신도 없는 하루하루의 연속이었다. 1년 내내 울어도 눈물샘은 마르지 않고 가슴속까지 흘러 들어갔다. 쓰라린 마음을 가족은 물론 누구에게도 얘기할 수 없었다. 자식을 먼저 보냈다는 죄의식 속에 말을 잃고 몇 년을 보내야 했다. 억누를 수 없는 꽉 막힌 가슴을 호소하고 싶었

지만 용기가 나지 않았다.

  혼자 이겨 내야 한다는 집념으로 마음을 치유해 준다는 책이란 책은 닥치는 대로 읽었다. 성당을 찾아 세례도 받았다. 조금 위안이 되기는 했지만 모두 남의 이야기일 뿐 가슴이 메어 오는 아픔은 어쩔 수가 없다. 자식 잃은 슬픔을 한두 해에 이겨 낸다는 것이 무리라는 것은 알지만 그래도 무언가 극복할 수 있는 방법을 찾고 싶었다. 그러던 중 수필문학 모임에서 한 분을 알게 되었다. 아니 내 처지를 알고 일부러 오신 것 같았다.

  말로는 다하지 못하는 가슴의 한을 글로라도 토해 내고 싶었다. 하지만 그것도 쉬운 일은 아니었다. 가슴 깊이 간직한 자식을 세상에 내보이는 것조차 허락되지 않았다. 그렇게 해서 아픈 마음을 떨쳐 버리고 싶지도 않다. 오히려 더 오래오래 간직하고

픈 마음뿐이다. 갓 태어나서부터 스물세 살까지의 하나하나를 실타래로 엮어 기억하고 싶은 게 간절한 심정이었다. 이렇게 아들이 생각날 때마다 흔적을 찾아 한 줄씩 이어 가는 게 삶의 의미가 되어 버린 것이다.

하얀 백지를 통해 아들을 볼 수는 없지만, 영혼으로는 통할 수 있기에 이야기를 나눈다. 가끔은 그 이야기들을 밖으로 내놓아 보이고자 한다.

그래서 이제는 조금씩 아픔을 덜어 놓고 싶기도 하다. 그 끝이 언제일지는 모르지만 아마도 육신이 있는 한 글쓰기는 계속될 것이다. 아들이 어디에 있던 상관하지 않고 그동안 못했던 이야기와 세상을 사는 모습을 알려 주려 한다. 글을 통해 대화할 수 있다는 것에 조금이라도 위안을 삼으면서…….

너무 보고 싶을 때는 '아마 전생이 있었다면 연인이었겠지' 하며 아들로 태어나 준 것만으로도 고마워하고 그리워한다. 또 하느님 나라에 먼저 유학 갔으니 때가 되면 꼭 만날 수 있으리라는 확신에 하루하루를 보내기도 한다. 유달리 엄마를 생각해 준 손길은 지금도 그대로 전해진다.

아침잠을 깨우려 이불 속의 발을 잡아 주면 잠결에라도 옆자리를 내어 주어 체온으로 전해지는 포근함에 흠뻑 젖어 음식을 태운 적도 한두 번이 아니다. 소파에 앉아 텔레비전에 빠져 있을 때도 슬며시 앞에 앉으면 조금은 억센 손이지만 자연스레 어깨를 주물러 주던 아들의 따뜻한 손길은 지금까지도 고스란히 느껴진다.

직장 생활로 백일도 안 된 첫아들을 떼어 놓고 저녁이면 보고 싶어 눈물로 편지를 쓰곤 했다. 또 군에 입대한 게 자랑스럽기도 하고 힘든 훈련을 잘 이겨 내라고 매일 밤 위로의 글을 써서 우체통에 넣기도 했다. 지금은 편히 잠들어 있는 국립대전현충원의 사이버 창을 통해 마음을 전하기도 하며, 또 수필을 써 세상 밖으로 아들과 소통을 이어 가고 있다.

스물세 살의 꽃다운 나이에 하고 싶은 일이 얼마나 많았을까. 아들이 못 한 것들을 하나씩 채워 주고 싶다. 아니 홀로 남은 삶을 이겨 내며 살아갈 수 있는 하나의 방법이리라. 하고 싶었던 일들이 무엇인지는 모르지만 하나둘씩 하다 보면 혹시 마음이 통하는 것이 있으리라. 아들은 먼 곳에 있지만 엄마를 응원하고 있을 것이다. 여기저기 찾아다니며 좋은 사람들을 만나고 많은 것을 배우며 나누고자 한다. 나이 듦을 탓하지 않고 보이지 않는 오늘이 더 발전하는 시간이 되기를 기대하며 어디론가 발길을 옮긴다.

옆에서 따뜻하게 손을 잡아 주고 글을 쓸 수있는 기회를 마련해 주신 가슴 따뜻한 분과의 인연 또한 먼 훗날까지 지속되기를 바란다.

손을 놓지 못한 채

오색 단풍이 물들어 가는 10월.

소요산은 그야말로 아름다움의 극치이다. 온갖 꽃잎을 흩어 놓은 듯한 형형색색의 단풍잎은 모든 사람을 황홀경에 빠져들게 한다. 그래서 가을이면 산을 찾고 여행을 떠나는 것이리라. 여행할 때는 주로 관광 버스를 이용하지만 오늘은 전철을 이용해야 했다. 동두천에서 의정부를 지나 서울을 거쳐 수원을 오는 길은 멀기만 했다.

의정부를 지날 즈음 어느 역에선가 군인 두 명이 전철에 오르더니 앞좌석에 자리를 잡고 앉았다. 한 명은 군복을 입었지만 다른 한 명은 사복을 입고 있었다. 사복을 입은 군인은 까까머리였고, 한 손에 들린 종이 쇼핑백에는 군복이 담겨 있었다. 짐작건대 첫 휴가를 받아 집으로 향하는 이등병 같았다. 입대하여 훈

런이 끝나고 자대에 배치되면 이등병 계급장이 붙여진다. '신병 훈련 6개월에 작대기 두 개, 그래도 그게 어디냐고 신나는 김 일병'이란 노랫말도 있듯 6개월 전까지는 작대기 하나가 이등병인가 보다.

사회생활도 그렇지만 군대는 완전한 계급 생활이니 신참에겐 어려움과 설움도 많을 것이다. 그래서 부대를 벗어나니 이때라도 사복으로 갈아입어 꼴찌에서 벗어나고픈 마음이었을 것이다. 학교에서 일등을 하고 최고를 뽐내던 학생도 일단 군에 입대하면 졸병인 이등병으로 시작해야 하고, 상사들이 있으니 자유롭던 생활에 어려움이 많을 것이다. 하지만 남자로서의 의무이니 아무 말 없이 잘 이겨 내고 있는 이 땅의 아들들이 대견스럽다.

전철에서 만난 사복 차림의 군인 아저씨(?)를 보니 첫 외박 때 우리 아들이 한 말이 머리를 스친다. 2005년 8월 말 입대한 아들이 첫 휴가 나오기 전 12월 중순, 외박을 받아 가족 모두가 아들의 근무지인 철원으로 향했다. 외박은 부대에서 멀리 벗어나면 안 된다고 하여 부대 근처에 펜션을 예약했다. 아들은 정지해 놓은 휴대 전화와 사복을 갖고 오기를 부탁했다. 펜션이니 좋아하는 고기와 반찬도 함께 준비했다. 12월의 철원 날씨는 매서웠다. 근무하는 부대가 아주 깊은 산속이면 어쩌나 걱정스런 마음으로 찾아 갔으나 다행히 평화로운 마을의 길 건너편에 위치하고 있었다. 그 순간 몇 달을 걱정하던 가슴은 한결 가벼워졌다.

부대에 도착하여 추위에 고생하는 아들의 손을 덥석 잡았다. 보고 싶던 아들의 손을 놓지 못한 채 차는 예약해 놓은 펜션에 도착했다. 지은 지 얼마 안 되어 보이는 깨끗한 집에 네 식구가 모였다. 아들은 따뜻한 물도 차례를 기다릴 수 없어 찬물로 씻었다며 먼저 샤워한다. 그러곤 군복을 벗어 버리고 사복으로 갈아입는다.

방은 두 칸이었지만 한방에서 가족의 정을 함께하고 다음 날은 가까운 유원지에 가기로 했다. 아들은 군복이 아닌 사복을 입고 차에 오른다. 남편이 한마디 던진다. "아빠는 군복 입은 씩씩한 아들의 모습을 보고 싶은데?" 하자 아들은 "다음에 올 때는 입을게요." 하며 지금은 창피하다고 한다. 작대기 하나 이등병이란 걸 보이기 싫었나 보다. 아니 틀에 박힌 군 생활의 부담을 잠깐이라도 떨쳐 버리고 싶었으리라.

아들은 잠이 부족하다며 일찍 들어와 잠을 청한다. 해가 지기 전까지 부대에 도착해야 한다며 옮기는 발걸음은 무겁게만 보였다. 분단의 아픔이 부모와 자식의 아픔까지 만들어 놓은 것이다. 제일 추운 철원에 자식을 남겨 두고 떠나야 하는 마음에 꼭 잡은 손을 뗄 수가 없었다. 하루의 나들이였지만 가족의 소중함을 깨닫고 서로의 사랑을 나눈 행복한 날이었다.

넥타이에 정장도 휴일이면 부담스러워 피하는데, 청바지에 티셔츠 차림의 자유분방한 청년들이 어느 날 갑자기 구속 아닌 구속에 묶여 군인으로 지내야 하는 것이 때론 안쓰럽기도 하다. 하지만 남자라면 군대에 다녀와야 남자로서 자격이 있고 역할을 다한다 할 것이다. 자유분방한 청년들에게 때론 군복과 군화를 벗겨 버리고 자유로운 시간을 주어 그들이 군의 각종 사고로 부터 벗어나기를 기대해 본다.

어제는 비가 내리더니 오늘은 강원도에 첫얼음이 얼었다는 뉴스를 접하며 그때를 회상해 본다. 그리고 최전방에서 추위를 무릅쓰고 보초를 서고 있을 군인 아들들에게 힘들지만 잘 참아 내라고 말해 주고 싶다.

꿈속에서

7월의 무더위가 계속되더니 장마가 시작되었다.

어젯밤엔 천둥 번개가 요란하여 잠을 설쳤는데, 날이 밝으니 조용한 아침의 나라로 변해 가고 있다. 하지만 이어지는 빗줄기는 그칠 줄 모른다. 텅빈 공간에 베란다의 낙수 소리가 정겹게 흩어지고 있다. 창틈을 통해 들어오는 바람이 가슴을 시원하게 해 준다. 문득 친정집 뒷문으로 들어오던 서늘한 바람이 그리워진다. 이어지는 빗줄기 속에서 엄마의 모습을 보았고, 지난 일요일 서른 번째 생일이라 미역국을 끓여 찾았던 아들의 모습을 보게 된다.

내 나이 즈음의 엄마는 다섯 남매를 다 키워 출가시켰지만 농사일은 끝이 없어 매일 밭에서 사셨다. 시골 부자는 땅 부자라고 욕심 많은 아버지 덕분에 돌아가실 때까지 손에서 일을 떼지 못했다. 그래도 불평 한마디 들어 보지 못했다. 나이 들어 힘들 텐데도 아프다는 말 한마디 하지 않았다. 키는 작고 몸도 튼튼하지 않지만 그 많은 농사일을 다 해 내고 자식 사랑도 남에게 뒤지지 않은 자상하고 포근한 엄마였다. 어쩌다 친정에 가면 엄마 곁에서 잠들기를 좋아했고, 하얀 뱃살을 들춰내고 푸푸 불어 대던 그때가 그립다. 아니 엄마가 무척 보고 싶다.

가마솥에 불 지피고 맛있게 밥을 짓던 엄마, 광주리를 머리에 이고 뜨거운 국물이 식을까 좁은 논길을 아슬아슬하게 재빨리 걷던 엄마, 개울에서 조그만 손으로 수북한 빨래를 다 해냈던 엄마, 아버지가 야단쳐도 아무 말 없이 참기만 하던 엄마, 누구한테 화 한 번 내보지 못한 엄마, 들에서 일 마치고 빠른 걸음으로 돌아와 밥을 짓던 엄마의 모습은 가슴속에 그대로이다. 하지만 내가 찾는 엄마는 10여 년이 지났지만 보이지 않는다. 그런 엄마가 항상 내 옆에 있는 줄만 알았는데…….

배 속에 거꾸로 있어 제왕절개 수술로 낳은 아들은 세상을 호령하는 큰사람이 될 줄만 알았다. 직장 다니면서 키워도 피곤한 줄 모르게 잘 자고 착한 아이로 자라 주어 짜증 한 번 안 냈던 첫아들, 퇴근이 늦거나 일요일이면 직장에 데리고 나와도 말썽 한 번 부리지 않고 기다려 주던 아이, 직장 다니는 엄마 힘들다며 동생까지 챙겨 주던 오빠, 전화 요금 아껴야 한다며 식구들 전화까지 통제하던 구두쇠 맏아들, 문단속은 맡아서 해 주고 컴퓨터, 전자제품 관리까지 집안일을 척척 해결해 주던 아들이었다.

양쪽 팔에 안겨 서로의 얼굴을 비비대던 아들딸과의 사랑했던 시간들, 여동생을 유별나게 챙겨 꼼짝도 못하게 해 둘이 알콩달콩 싸우던 모습, 어느 날 갑자기 댄스 동아리에 들어가 우리를 당황하게 했던 시간, 하기 싫은 일본어를 공부하면서 일본 고등학교에 합격하여 기뻐했던 순간 또한 지우지 못할 기억으로 남아 있다. 내가 엄마의 모든 것들을 좋아했듯 우리 아들도 나를 좋은 엄마라 생각해 줬을지 모르겠다. 이제 와서는 그랬으면 바랄 뿐이다.

사람은 태어나서 늙고 병들어 죽는다. 사람은 만났다 헤어지는 게 인지상정이라지만 사랑하는 사람들과의 예고되지 않은 갑작스런 이별, 더구나 부모 자식 간의 갑작스런 이별은 남은 가족에게 말할 수 없는 쓰라린 상처로 남는다.

아무 준비도 없이 일흔하나에 뇌경색으로 갑작스레 세상을 떠나신 엄마, 군대에서 자동차 사고로 손 한 번 잡아 주지 못하고 떠나보낸 아들.

어느 누구보다 사랑했던 엄마와 아들을 보내고 그 사이에 내가 서 있다. 홀로 서 있다는 게 때론 대견하기도 하지만 자신을 미워할 때가 더 많다. 그럼에도 혼자가 아닌 가족이라는 버팀목이 있고 사랑하는 자식이 있기에 거기에 기대며 살아가고 있다.

　꿈속에서라도 흐릿하게나마 만날 수 있다는 기대와, 다음 세상에서는 다시 꼭 만날 수 있다는 희망으로 오늘도 한나절을 지내고 있다. 한여름의 무더위가 내리는 빗물에 씻겨 조금은 시들어지듯, 가슴속의 상처도 시간이 흐르며 조금씩 아물어 가고 있지 않을까.

화 세

지난 크리스마스에 세상에 없는 아들이 세례(화세)를 받았다. 글 몇 구절에서 얼굴도 모르는 부모의 마음을 헤아려 주신 신부님께 한없는 고마움을 전한다. 오래전에 하지 못했던 숙제라 늘 가슴에 묻고 지냈는데 부모 마음을 알아주시니 그저 감사할 따름이다. 또한 자식이 하느님 곁에 가 있음을 확인한 것 같아 마음이 평안해진다.

얼마 전 신부님께서 보내 주신 메일이다.

"우리 교리에는 세례를 수세, 화세, 혈세 이렇게 세 부류로 나눌 수 있습니다. 따라서 자매님의 아들이 우리 원천동 성당에서 교리를 받은 적이 있고, 아버지와 함께 일본으로 유학했고, 다녀와서는 교리를 이을 기회가 없이 대학을 다니다 군대를 간 것으로 알고 있습니다. 이 경우는 당연히 화세에 해당되므로 사목자의 권한으로 세례를 인정해 드리겠습니다. 23일 오후 4시 세례식에서 '대건 안드레아'란 세례명을 드리겠습니다. 이제는 하느님의 자녀로 기억해 주실 수 있어 다행으로 생각합니다.

감사합니다."

그리고 사진 두 장을 준비하라는 신부님의 말씀을 듣고, 망설이다 군복을 입은 마지막 사진과 가족사진 두 장을 메일로 보냈다. 세례식 날에는 착잡한 마음에 아무 준비도 없이 남편과 딸 세 식구가 성당으로 향했다.

성당 안으로 들어서니 가득 찬 신도들과 30여 명이 세례받을 준비를 하고 기다리고 있었다. 한복을 곱게 차려입은 사람도 있고, 단 한 번 축복받는 날이니 모두 기쁜 마음으로 가슴에는 예쁜 꽃까지 달고 환한 모습이었다. 하지만 세례받을 아들이 없는 우리 가족은 뒷자리에서 한참을 기다려야 했다. 혹시 하는 마음에 오늘 세례받을 사람들이 앉아 있는 앞자리로 가서 김정현이란 이름표를 찾아보았으나 보이지 않아 말없이 돌아와 앉았다. 누군가에게 물어보려 했으나 쉽게 말을 꺼낼 수 없었다.

처음 간 성당이지만 혹시 아는 사람이라도 있나 두리번거리다 가톨릭 사진가회 회원과 얼굴이 마주쳐 어렵게 말을 건넸더니 맨 앞자리를 안내해 주었다. 세상에 없는 아들이지만 세례 선

물로 준비한 성모자상과 벗어 놓은 겉옷을 챙겨 앞 좌석에 세 식구가 나란히 앉았다.

남편과 함께 세례를 받은 지 6년이 되어 간다. 아들을 떠나보내고 1년이란 시간 속에 쌓인 슬픔과 아픔을 누구에겐가 호소하고 싶었고, 해결 방법을 찾아야 살 수 있을 것 같았다. 그 상대로 떠오른 것이 어떤 고민이라도 들어 주고 해결해 줄 것 같은 인자하신 수녀님이었다. 2005년 12월 저녁, 생전 처음 가슴에 슬픔을 가득 안은 채 성당을 찾았다. 어둠에 둘러싸인 낯선 성당에서 수녀님은 만날 수 없었다. 침울한 마음으로 문밖으로 나오려던 중 성모님을 만났다. 성모님이 기다리고 계셨나 보다.

그분께 눈물 콧물로 그동안 억눌렀던 가슴을 헤쳐 놓았다. 우리 아들 잘 살펴 달라고, 좋은 곳에 있게 해 달라고, 더 이상 아픔은 없게 해 달라고 매달리며 애원했다. 엄마의 이 아픈 마음을 들어 주셨겠지 하는 벅찬 가슴을 억누르며 차가운 바람을 뒤로한 채 집으로 향했다. 마음의 상처가 한 번으로 치유되는 것은 아니다. 가슴이 복받칠 때면 그렇게 성당 문을 두드렸고 그 이듬해 교리 공부를 시작하여 2006년 크리스마스에 세례를 받았다.

이 세상에서 오랫동안 함께하지 못한 인연, 다음 생애라도 함께하고 싶은 마음에 아들 세례도 부탁했지만 살아 있는 사람에게만 세례를 준다고 했다. 세례는 받지 못했지만 고교 시절 교리 공부도 하고, 군대에서 성당도 나갔으니 천국에 있을 거라 믿으며 하루하루 기도하며 지냈다.

미사가 시작되기 전 신부님이 세례식에 대해 설명했다. 그리고 교구청에 허락을 받아 오늘 세례 중 화세를 진행해 정현이 아버지에게 대리 세례를 준다고 신도들에게 알렸다. 미사 순서에 따라 세례를 받는 이들과 함께 아빠가 대신 정현이 세례를 받았다. 보통 세례는 본인이 직접 받고 기념사진으로 세례의 증명을 남기는 것으로 알고 있다. 우리는 세례받는 당사자가 없으니 함께 사진 촬영도 하지 못한 채 못내 아쉬운 마음으로 성당 문을 나서려는데 신부님께서 선물을 건넸다. 『당신 사랑』이란 빨간 표지의 책과 자그마한 액자에 정현이 사진과 가족사진을 함께 넣어 정성스럽게 만든 세례증서였다.

증서에는 1999년 교리를 받던 중 유학한 내용과 화세 일자 2005년 1월 18일, 원천동 성당 이기수 요아킴 신부님 이름까지 새겨 있었다. 신부님은 정현이가 떠나던 날 세례를 받은 것으로 하는 것이 의미가 있다는 배려까지 보여 주시니 그 자상함과 인자하심에 감사하기 그지없다.

세례식과 미사가 끝난 뒤 한 젊은 청년이 우리를 알아보고 인사를 건넸다. 알고 보니 아들을 마지막 보내던 날 함께 이틀 밤을 새워 준 고마운 친구였다. 성당에서 교리 공부를 함께했던 친구로, 결혼해서 세 살 된 예쁜 딸아이가 있다면서 소개를 했다. 분가해 다른 지역에 사는데 아버지가 세례받는 날이라 축하해 드리러 와 보니, 정현이가 세례를 받아 놀라기도 했지만 고맙다는 말도 전했다. 제일 친했던 친구가 세례식에 참석해 준 것은 우연이 아니란 생각을 하며 친구의 두 손에서 아들의 따스한 온기를 느낄 수 있었다.

집으로 돌아와 세심한 정성과 배려가 깃든 소중한 세례증서가 담긴 액자를 아들 사진 앞에 놓고 기도했다. 이젠 하느님의 아들이 되었으니 그곳에서 모든 행복과 기쁨을 누릴 수 있도록 해 달라고……. 세례를 받지 못한 게 늘 마음의 짐이었지만 이제 신부님의 배려로 하나가 되었으니 다음 생에는 꼭 다시 만날 수 있으리라. 신부님이 놓아 준 다리를 발판으로 부족한 것들을 하나하나 메워 가며 그곳에서 아름다운 만남을 기약하고 싶다.

유난히 춥고 어려움도 많았던 한 해를 마무리하며, 추울 때면 더 생각나서 가슴이 저려오는 연말에 이 세상에 없는 아들의 세례증서는 영원히 잊지 못할 귀한 선물로 간직될 것이다.

새가 되어

오늘 하루도 적막함에 빠져든다. 보고 싶은 아들을 꿈속에서라도 만나고 싶다는 생각과, 어딘가에서 잘 있을 거야 하는 마음으로 뒤척이다 잠드는 게 습관처럼 되었다. 쓸데없는 걱정에 꿈에서라도 안 좋은 모습을 보게 되면 며칠을 가슴이 타들어 가도록 절망하고 자신을 원망하기도 한다.

희미하게 스친 배고프다는 표정에서 다음 날 아침 정성스레 도시락을 준비해 터미널로 향하고, 헌 신발을 신은 것 같아 새 운동화를 사 가지고 국립대전현충원으로 달려가기도 한다. 자식 걱정은 끝이 없다고 곁에 없지만 더 해 줄 수 있는 게 있다면 뭐든지 해 주고 싶다. 하지만 해 줄 수가 없다. 기껏해야 꽃 한 다발이 전부다. 사랑은 주는 거라 했는데 사랑할 수 없다는 것이 아픔 중 제일 큰 아픔이다.

며칠 전 아파트 베란다에서 푸다닥푸다닥 하는 소리에 잠을 깼다. 창문을 열어 보니 이름 모를 새 한 마리가 베란다에서 날갯짓을 하며 유리창에 몸을 부딪치고 있는 게 아닌가. 저러다 아파서 죽기라도 하면 어쩌나 하는 생각에 빨리 창문을 열어 주니 가벼운 날갯짓을 하며 저 멀리 날아가 버린다.

아직은 쌀쌀한 봄이라 창문을 열어 놓은 것도 아닌데 어떻게 들어 왔는지 알 수 없었다. 창문에 틈이라도 있나 찾아보았지만 보이지 않았다.

혹시 위쪽 아래쪽 틈이 있나 한참을 살폈지만 들어올 공간이라곤 전혀 없었다. 어떻게 집안으로 들어왔는지 알 수 없어 여기저기 찾아보다 시간이 훌쩍 흘러 어느덧 아침 준비를 해야 할 시간이 되었다.

세수를 마친 남편이 주방으로 와서 "정현이가 보고 싶어서 새가 되어 왔나 봐." 한다. 정말 그랬나 보네 하며 지나쳤다. 그 순간 그럼 보내지 말걸 하는 후회가 머리를 덮쳤다. 잘 잡아서 새장을 만들어 같이 살아가면 좋았을 걸 하는 마음은 내 욕심이었을 것이다. 어느 기간은 살아갈 수 있겠지만 자유롭지 못하니 어떻게 될지 장담할 수 없는 노릇인데 괜한 생각에 부끄러웠다.

어느 수필가의 글이 떠오른다. "불교의 소위 윤회설이 참말이라면 나는 죽어서 나무가 되고 싶다. 무슨 나무가 될까? 이미 나무를 뜻하였으니 진달래가 될까 소나무가 될까는 가리지 않으런다." 나는 오래전에 죽으면 새가 되고 싶다고 한 적이 있다. 여기저기 다니지 못한 곳을 마음대로 날아다니며 구경하고, 마음 내킬 때 노래도 잘 부르니 좋다고 한 것 아닌가 싶다. 지금 생각하니 직장과 가정에 매여 있었고 노래를 잘 부르지 못하는 자신의 내면을 표현한 것 같다.

나무는 새를 자기 마음 내키는 때에 찾아오고 마음 내키는 때에 달아나 믿지 못할 친구라 했지만, 가다 말고 둥지를 틀고 지쳤을 때 찾아와 푸념하는 게 귀엽고, 노래를 들을 수 있는 게 기쁨이라 했다. 왜 여기 놓이고 저기 놓였는지를 말하지 않는 나무에게 새는 좋은 친구가 되어 주기도 한다.

정현이가 새가 되었다면 저 하늘을 날고 있을 것이다. 멀리 날다 지치면 제 집으로 찾아와 엄마 아빠가 살아가는 모습을 보고 갈 것이다. 이 세상에서 못다 한 노래를 하고 춤을 추며 방방곡곡을 찾아다니며 기쁨을 노래할 것이다. 여러 친구들을 만나 길동무하며 많은 이야기도 나눌 것이다. 그동안 못 가 본 이곳저곳을 여행하며 즐거움도 맛볼 것이다.

궁금증을 풀기 위해 다음 날 아침 다시 베란다로 향했다. 이

구석 저 구석을 찾아보았지만 들어올 틈이라곤 쉽게 찾을 수 없었다. 한참만에야 바닥 귀퉁이에 생긴 흠집을 찾았지만 그 좁은 공간으로 새가 들어오기는 힘들었을 것 같다. 그곳은 에어컨 실외기를 설치하기 위한 아주 작은 구멍에 불과했으니까. 그날 이후 우리 부부는 언젠가 다시 찾아올지 모를 그날을 기다리며 집을 지키고 있다.

아침이면 창밖에서 까치가 좋은 소식을 전해 주기도 하고 참새가 조잘조잘 노래를 들려준다. 집을 나서면 곳곳에서 많은 새를 만난다. 그들은 내 옆으로 다가와 다정하게 속삭인다. 그러면 '그래 우리 아들, 엄마하고 놀려고 왔구나' 하며 마음으로 반갑게 인사한다. 저만치 가면 같이 따라와 외로움을 달래 주기도 하는 벗이 되어 준다. 네가 새가 되었다면 엄마도 당연히 새가 되어 다시 만나 많은 얘기를 나누자고 그렇게 약속도 한다.

새는 날아가는 곳도, 지저귀는 의미도 모른다고 말하지만 우리 아들은 모윤숙의 시어를 빌어 이렇게 노래할 것이다.

나는 죽었노라. 스물셋 젊은 나이에
대한민국의 아들로 나는 숨을 마치었노라
질식하는 구름과 바람이 미쳐 날뛰는 조국의 산맥을
지키다가 드디어 나는 숨지었노라

내게는 어머니, 아버지, 귀여운 동생도 있노라
어여삐 사랑하는 소녀도 있었노라
내 청춘은 봉오리지어 가까운 내 사람들과 함께
이 땅에 피어 살고 싶었나니
아름다운 저 하늘에 무수히 나는 내 나라의 새들과 함께
나는 자라고 노래하고 싶었어라.

이제는 모든 아픔과 시름은 다 잊고 넓고 푸른 하늘을 기쁜 마음으로 높이높이 날아 세상을 구경하기를 기도한다. 이제 나는 죽어서 새의 다정한 친구인 나무가 되고 싶다. 아들이 언제든지 찾아와 쉴 수 있고, 마음 놓고 둥지도 틀 수 있는 큰 나무가 되리라. 먼 길을 가다 지치면 찾아와 쉬고 때론 푸념도 들어 주고 즐거운 노래도 들어 주는 너의 진정한 친구가 되고 싶다. 너의 흥겨운 지저귐이 나에겐 큰 행복이 될 테니까.

아들 보내던 날

　이 글을 꼭 써야 한다고 생각한 지 9년이란 세월이 흘렀다. 마지막까지 며칠이 걸릴지 모르지만 시작이 반이라고 지금 시작하려 한다. 또 미루다 보면 언제가 될지 모르고 기억 또한 희미해질 것이다. 어쩌다 망각이라도 하게 되면 아들을 아주 잊어버리는 것이 될 테니까 가슴에 묻어 둔 이야기를 하나하나 옮겨 놓고자 한다.
　그해 겨울은 무척이나 추웠다. 아들이 최전방에 있으니 더욱 추웠던 것 같다. 그래도 눈이 많이 내리지 않아 다행이라며 꽁꽁 언 목소리로 엄마를 위로해 주고, 엄마는 그런 아들이 고마워 추위 잘 이겨 내라는 말밖에 할 말이 없었다. 그것이 아들을 보내기 이틀 전, 아들의 마지막 목소리로 지금도 가슴에 생생히 남아 있다.

직장 일을 마치고 퇴근하는 버스에서 낯선 중대장의 전화를 받았다.

정현이가 탄 차가 전복되어 피를 많이 흘린다며 가능하면 빨리 오라는 내용이었다. 순간 가슴이 철렁했다. 아파하는 아들의 모습이 떠올랐고 금방 달려갈 수 없는 상황이 안타까웠다. 급히 남편에게 전화했으나 받지 않았다. 다행히 같이 근무하는 직원의 연락처로 전화하고 조금 있으니 전화가 왔다. 버스 안에서 나는 벌써 울고 있었나 보다. 옆의 아주머니가 괜찮을 거라며 진정하라고 하던 소리가 어렴풋하다.

중대장에게 다시 전화해 빨리 병원으로 데려가 조치를 취해 달라고 부탁한 뒤 집에 도착했다. 1초가 아까워 남편이 오자마자 네 식구가 택시를 불러 철원으로 향했다. 날씨는 진눈깨비로 싸늘했고 어둠까지 마음을 짓눌렀다.

철원은 평야 지대로 크게 위험한 곳이 없으니 하면서도 가는 내내 불안하여 전화로 아들의 상태를 묻고 또 물었다. 괜찮다고 조심해서 오라는 말 외에는 다른 말이 없었다. 조금 아프겠지, 괜찮을 거야 하면서 마음속으로 기도했다. 엄마, 아버지에게 우리 정현이 아무 일 없게 해 달라고, 하느님이 계시다면 우리 착한 아들 아프게 하지 말아 달라고 그렇게 되뇌며 긴 시간 캄캄한 밤길을 달려 철원의 일동병원에 도착했다.

그런데 이게 무슨 날벼락인가. 평생 꿈에서조차 상상할 수 없는 일이 눈앞을 가로막았다. 정현이는 아무 말 없이 누워 있었다. 아니 말을 하지 못했다. 얼굴에는 아무 상처도 없고 손발도 따듯하고 가슴도 따듯했다. 얼굴을 비비대고 손을 당겨도 아무 반응이 없었다. 딸이 오빠 손을 잡더니 오빠가 움직인다고 오빠는 살아 있다고 한다. 도저히 믿기지 않는, 믿을 수 없는 상황이 벌어지고 있다는 생각에 급히 구급차를 불렀다. 다른 병원에 가서라도 꼭 내 자식을 살려내야 한다는 생각밖에 없었다.

구급차를 타고 큰 병원으로 가자고 했다. 추위에 떨다 온 아이를 옷도 안 입혀 병원에 눕혀 놓은 게 안쓰러워 코트를 벗어 덮어 주고 얼굴을 감싸고 손과 발을 녹여 가며 도착한 곳은 의정부 성심병원이었다. 내 아들을 이대로 보낼 수는 없으니 살려 달라고 애원했다. 누가 이런 일을 상상이나 했겠는가. 들어보지도 못한 일이니 이 사실을 도저히 믿을 수 없었다. 응급실에서는 지금은 늦어 도저히 어쩔 수 없는 상황이라고 했다. 청천벽력 같은 소리에 아무런 느낌이 없었다. 불러도 대답 없는 아들 품 안으로 쓰러져 아무 말도 할 수가 없었다.

그렇게 얼마나 시간이 흘렀을까, 군인은 일반 병원에서 장례

절차를 밟을 수 없다며 다시 일동병원으로 옮겨야 힌다고 했다. 정현이는 아무것도 모르는 사이에 겨울의 빙판길을 오가며 추위와 함께 체온도 식어 갔다. 새벽 1시가 넘어 일동병원에 도착하니 바로 영안실로 이동 준비를 한다고 했다. 첫아들을 낳아 얼마나 기뻐하고, 힘든 생활이지만 곱디곱게 온갖 정성으로 키운 내 몸보다 더 귀한 자식을 떠나보낸다는 것은 정말 말도 안 되는 일이다. 무엇보다 질긴 게 사람 목숨이라 했는데 다리의 상처만으로 멀쩡한 아들을 보내야 한다는 것이 원망스럽고 원망스러웠다.

군에 보내 놓고 얼마나 그립고 보고 싶었던 아들인데 내 품에 안아 보지도 못하고, 아프단 말 한마디 들어 주지 못하고, 사랑한단 따뜻한 말 한마디 못했는데 영영 보내야 한다니 가슴이 막혀 죽을 것만 같았다. 그래도 내 아들은 내가 지켜야 한다는 생각에 영안실 안치를 못하게 한 뒤 대기실 침대에서 마지막 하룻밤을 함께 지냈다.

내가 할 수 있는 건 아무것도 없었다. 아프단 말도 못하고 추위에 고생하며 혼자 죽음을 기다려야 했던 아들을 조금이라도 따뜻하게 보내 줘야 한다는 생각뿐이었다. 기름으로 얼룩진 꽁꽁 언 손을 눈물로 닦아 주고, 차가운 몸을 감싸 안아 녹여 주었으나 체온은 차갑게 식어 갔다.

눈에 넣어도 아프지 않을 첫아들의 모습을 그대로 간직하고 싶어 온몸을 비비대며 몸부림쳤다. 가슴 밑바닥에서 끓어오르는 뜨거운 물방울들로 아들의 아픔을 깨끗이 씻어 주고 있었다. 엄마의 간절함과 온정이 그대로 전해지기를 바라며 온몸을 감싸 주고 손끝으로 아들의 몸 하나 하나를 영원히 기억하려 쓰다듬었다. 수의를 군복으로 입은 스물세 살의 꽃다운 아들을 내 가슴 속에 고이고이 담아야만 했다.

누군가에게 이 끔찍한 상황을 알려야 했다. 하늘나라에 있는 엄마, 아버지가 원망스러웠다. 하나 있는 아들을 지켜 주지 못하고 어떻게 살라고 이런 시련을 주는 건가 한스러웠다. 아니 먼저 가신 엄마, 아버지가 고마웠다. 평생 슬픔을 안고 눈물로 지낼 딸의 모습을 보지 못하고 먼저 가신 게 다행이란 생각이 들었다. 큰오빠한테 새벽에 전화를 하니 깜짝 놀라셨다. "철원에 왔는데 우리 정현이가……." 나는 더 이상 말을 잇지 못하고 그렇게 주저앉아 버렸다.

아무런 말도 귀에 들려오지 않았다. 지금 생각해도 그 상황을 어찌 이겨 냈는지 알 수 없다. 그때는 내 귀한 자식이 다시 돌아올 수 없으니 편안하게 엄마 품에서 보내야 한다는 생각뿐이었다. 장례는 모두 부대에서 맡아서 해 줬고 끝까지 정현이 곁을 떠나지 않는 게 못난 어미의 마지막 할 일이었다.

정현이가 떠나던 날은 2005년 1월 18일, 진눈깨비가 조금씩 내리던 날이었다. 철원의 평화롭게만 보이던 부대에서 보초 근무를 마치고 부대로 복귀하던 중 운전자의 부주의로 차가 전복되어 대퇴부를 다쳤다.

그 와중에도 옆에 있던 김 상병의 상태를 물으며 상사까지 챙겼다는데 4시간도 지나지 않아 과다출혈이라는 말도 안 되는 병명으로 아까운 젊음을 빼앗겨 버렸다.

대학 2학년 1학기를 마치고 8월 말 입대하던 날 손을 꼭 잡고 조금 긴장하던 아들의 모습이 눈앞에 아른거린다. 군대 일기장에 써 놓았던 한 구절, 전화 한마디가 메아리 되어 가슴에 맺혀 있다. 신병 훈련을 마치고 첫 전화를 한 뒤 '엄마한테 힘들다고 말하고 싶었지만 엄마가 더 힘들어하실까 봐 말하지 못했다'라고 기록한 메모를 보니 가슴에서 쏟아지는 눈물을 억누를 수 없었다. 엄동설한에 추워서 어떻게 하느냐고 물으면 "엄마 괜찮아 참을 만해" 하며 한 번도 불평 없이 가족을 끔찍이 생각해 주던 아들이었는데…….

떠난 자식 살릴 수만 있다면 못 할 게 없는 노릇이지만 한 번 떠난 사람을 돌이킬 방법이 없기에 모든 것을 체념하는 수밖에

없었다. 그렇게 아들을 땅에 묻고 죽을 것만 같더니 그래도 목숨이 붙어 있으니 산 사람은 살아지더라고. 모든 것이 미안하여 크게 웃지도 못하고 소리 내어 울지도 못하며 속으로 삭히고 사는 게 자식 먼저 보내고 살아가는 남은 자들의 아픔이려니 하며 하루하루를 보내고 있다. 지금도 어딘가에서 함께하고 있을 아들을 생각하며 담담한 심정으로 이 글을 쓴다.

　아들 정현아! 사랑한다, 영원히……

그리운 마음

 네가 세상에 왔다가 세상을 떠나간 것은 겨우 스물세 해뿐이구나. 사람이 80년을 산다면 57년을 더 살아야 하는데 이렇게 일찍 헤어지다니 너무 슬프구나.
 네가 태어났을 때 아빠는 바르고 착한 아이가 되라고 이름을 정현正賢이라 하였지. 그래서인지 너는 정말 바르고 착하게 자라주더구나. 애기였을 때도 저녁에 자면 아침에 배시시 웃음을 안겨 주니 일하면서 밤잠을 설쳐도 피곤한 때가 한 번도 없었다. 학교에 다니면서도 말썽 한 번 안 피우고 잘 다녀 줘서 고마웠고, 네가 있어 하루하루가 행복했단다.
 그런데 나로 인하여 죽게 한다면 이 어미는 어찌 이 세상을 건너가야 하는지, 이는 내가 죽는 것이 사는 것보다 낫기 때문이지. 나는 죽는 것이 사는 것보다 나은데도 살아 있고, 너는 사는 것이 죽는 것보다 나은데도 죽었으니 내가 어찌할 수 있는 것이 아니로구나. 내가 네 곁에 있었다 해도 꼭 너를 살릴 수는 없었겠지만 너를 혼자 보낸 것이 한이 되는구나.

몸이 아파서도 아니고 갑작스런 사고로 고통받는 너를 만나기 위해 철원까지 밤길을 달려갔지만 기다려 주지 않더구나. 어미가 빨리 오기를 기다렸을 텐데 몇 분 차이로 네가 죽고 나서야 도착해 너의 원을 들어주지 못했으니 슬프고 또 슬프구나.

직장 다닌다고 뒷바라지를 제대로 해 주지 못해 미안하구나. 2000년 9월 19일, 일본으로 유학을 떠나 2년 반 동안 함께 있으면서 가족만을 위해 지낸 것이 그래도 위안이 되는구나. 저녁밥을 지어 놓고 학교에서 돌아오는 너를 기다리고, 다다미방 이불 속에서 꽁꽁 언 발을 서로 녹여 주던 시간이 있었으니 다행이구나.

그런 지난날들을 그리워하며 함께 얘기를 나누고 어미의 마음도 알아주어야 할 네가 있어야 하는데……. 그래도 생일이나 기념일 때 써 준 편지가 있어 너의 착한 마음을 알 수 있어 기쁘면서도 혼자 보고 있으니 슬프구나!

너는 어릴 적 아주 예뻤어. 동그랗고 하얀 얼굴에 눈엔 쌍꺼풀이 지고 유난히 긴 속눈썹에 오뚝한 코, 시원한 이마를 지녀 동네 사람들이 모두 예뻐했지. 중학교 2학년 내 번성기가 오면서 얼굴도 조금씩 변해 동그란 얼굴이 갸름해지더구나. 고등학교 방학 때는 염색도 하고 댄스도 했지만 시대의 흐름이라 반대하지는 않았지. 어미가 염색을 도와 준 적도 있으니까. 너는 음악 듣기를 좋아했지. 시디를 직접 굽고 이어폰에 모자를 쓰고 다니던 모습이 선하구나. 그래서 엠피쓰리를 네 곁에 넣어 주었지.

아아, 나는 네 모습을 생각하고 거짓 없이 너에게 고한다. 네가 태어나 줘서 고맙고 23년의 짧은 순간이었지만 네가 있어서 행복했다고. 그리고 영원히 사랑한다.

위 글은 정약용의 「농아광지」를 따라 적어본 것이다. 조선의 실학자이자 성리학자인 다산은 아홉 명의 자식을 낳았으나 여섯 명을 가슴에 묻었다. 태어난 지 얼마 안 되어 홍역과 마마로 자식을 잃고 아들 둘과 딸 하나를 길렀으니 부모의 심적 고통과 슬픔은 이루 다 표현할 수 없었을 것이다.

그 모진 고통을 채워 주기라도 하듯 그는 문과에 급제한 후 정조의 총애를 받는 관료로 성장해 많은 업적을 남겼다. 수원성 축조를 지휘하는 등 과학기술 분야에서 두각을 나타냈으며, 경세에도 큰 관심을 가져『목민심서』,『흠흠심서』,『경세유포』등의 저술을 남겼다. 18년간 강진에서 유배 생활을 하면서 자식 사랑이 남달라 아비와 떨어져 산 것을 슬퍼하며 아들에 대한 아버지의 애틋한 정을 아들 농아를 통하여 담고 있다.

  죽은 자식을 그리며 쓰는 글은 기쁨과 슬픔이 병존하기도 하지만 머리와 가슴을 후벼 파내는 눈물이 있다. 그래도 한 자 한 자 써 내려 간다.

01 그리운 마음 71

02 / 그리움의 입맞춤

가족사진

비 개인 창밖의 푸르름이 눈과 마음을 시원하게 해준다.
며칠 전 만 해도 꽃이란 꽃들이 제 세상 만난 듯 온 세상을 덮어놓았다. 날씨 탓인지 순서도 없이 피어 서로 자기를 봐 달라고 아우성이다.
서너 번의 빗줄기에 그 많던 꽃들은 어디론가 떠나버리고 어디에서 나왔는지 아주 작은 연초록의 잎들이 또 다른 아름다움을 자아낸다. 4월의 어수선했던 풍경들이 차분히 정돈되어가는 기분에 서서히 마음의 안정도 찾아가며 5월을 맞이하게 된다.
얼마 전 TV 프로그램의 하나인 불후의 명곡에서 '가족사진'이란 노래를 애잔한 마음으로 들었다. 가족이라는 단어, 부모를 생각하게 하는 노랫말과 하늘로 울려 퍼지는 듯한 목소리로 방청객뿐만 아니라 시청자들의 눈시울을 적시게 했다.

끝없이 소리치는 여운과 애잔한 마음이 하늘에 계신 아버지께 그대로 전달되는 듯한 착각마저 들 정도로 열창 그 자체였다.

"그날에 찍었던 가족사진 속의 설레는 웃음은 빛바래 가지만
어른이 되어서 현실에 던져진 나는 철이 없는 아들이 되어서
이곳저곳에서 깨지고 또 일어서다 외로운 어느 날
꺼내본 사진 속 아빠를 닮아있네
당신의 웃음꽃 피우길 피우길 피우길 ~ ~ "

이 곡은 가수 김진호가 먼저 돌아가신 아버님을 생각하면서 어머니를 위해서 쓴 곡이라고 한다. 부모님께서 바쁘시게 사셔서 제대로 된 가족사진 한 장 없었다고 한다. 아버지가 돌아가신 후 어머니와 둘이 찍은 사진에 빛바랜 아버지의 증명사진이 액자 틀에 끼워져 있는 것을 보고 작곡과 가사를 써 내려간 곡이라고 하니 더욱 더 애잔함으로 다가온다.

카메라 속에 비춰진 환하게 웃고 있는 두 사람의 가족사진 속에 엄마가 안고 있는 사진틀에 끼워진 초라한 아버지의 사진이 마음을 아프게 한다. 가족사진 찍을 틈도 없이 치열하게 살다 돌아가신 후에 덧붙여진 것이기는 하지만 그에게 있어서는 그래도 소중한 가족사진인 것을 어찌하랴! 함께 찍은 사진은 아니지만 말이다.

백일이나 돌 그리고 결혼을 기념하여 가족사진을 찍는게 일상화되기는 하지만 아직도 그렇지 못한 상황에 처해 있는 가족도 꽤나 있는 듯하다. 또한 바쁜 세상이다 보니 가족이 함께 모일 시간이 없어 평생 가족사진 없이 지내는 경우도 허다하다.
　우리도 예외는 아니다. 바쁘게 살아서인지 주변머리가 없어서인지 제대로 된 가족사진이 없다. 아들을 군에 보낼 때 엄마들에게 꼭 가족사진 한 장은 주머니 속에 넣어주라고, 지금 없다면 일부러 찍어서라도 꼭 가져가도록 해야 할 것이다.
　아들이 입대하고 훈련소에서 가족에게 먼저 보낸 세 번의 편지에 가족사진을 보내 달라고 했다. 훈련소 편지는 바로 보내지지도, 받아보지도 못해 그렇게 애타게 가족사진을 보내 달라고 했나보다.
　며칠을 애타게 기다리며 힘든 훈련의 날들을 보냈을 아들 생각을 하면 가슴이 저려온다. 사진 속의 엄마 아빠에게 뭐라 할 말도 많았을 텐데 빨리 보내주지 못한 게 지금도 미안할 따름이다.
　첫 편지를 받고 사진관을 찾아 가족사진이란 걸 처음 찍어 보냈지만 정작 본인은 빠진 사진이었다. 군대 가는 아이를 위해서라도 제대로 된 가족사진을 별도로 찍어두어야 하는데 그렇지를 못했던 것이다.

　본인도 없어 다시 찍을 수도 없는 상황에 아들 증명사진을 오려 넣어 합성한 가족사진 한 장을 지금도 지갑 속에 고이 간직하고 있다.

　솔직히, 군에 가는 아이에게 가족사진을 가지고 가는 것에 대해 깊이 생각하지도 않았던 게 안타깝기 그지없다.

　옛날 시골집에는 가족사진보다는 할머니 할아버지 몇 대의

사진을 큰 액자에 담아 대청마루 잘 보이는 높은 곳에 걸어 놓았다. 가족보다는 부모에게 효도하고 조상을 잘 섬기라는 의미가 담겨있지 않았나 싶다. 누렇게 빛바랜 사진 속의 어른 모습에서 따뜻한 정감을 느낄 수도 있었다.

우리 집엔 진품 가족사진이 없다. 그럴싸하게 포토샵으로 만든 가짜 가족사진이 있을 뿐이다. 큰 액자에 걸어놓을 사진도 없지만 그러고 싶은 마음도 없다. 빠진 한사람을 영원히 채울 수 없기에 그런가 보다. 하지만 늘 보고 싶고 그리워지는 사람이 있기에 아무런 일도 없듯이 하루하루를 채워가며 살아가고 있다.

자식을 군에 보낼 때는 가족사진을 꼭 챙겨 보내라는 말을 해주고 싶다. 고단한 훈련 속에서도 가족사진을 보면서 참고 견딜 수 있는 힘과 에너지가 솟아나오기에 그렇게도 애타게 가족사진을 보내달라고 하지 않았나 싶기 때문이다.

그리고 작은 지갑에라도 간직하고 있는 게 어떨까 싶다. 좋은 일이 있을 때 가족과 함께 기뻐하기도 하지만 지치고 고통스러울 때 위안 받을 수 있는 울타리는 역시 가족이기에 그런 생각을 해 본다.

요즘 생활고 때문인지 아동학대 부모살해 등 가족 간의 갈등으로 우리들의 마음을 아프게 하는 일들이 비일비재하다.

가족의 소중함과 중요함을 느껴보는 화목한 달 5월에 푸른 자연과 더불어 스마트폰이라도 꺼내 예쁘게 가족사진 한 장 찍을 수 있는 싱그러운 달이 되었으면 한다.

40도의 사랑

아침 기온은 첫 시작을 알리는 1도이지만 최고 기온은 21도란다.

무슨 힘으로 20도의 기온을 끌어 올릴 수 있을까? 조금은 싸늘하고 궁금한 아침이다. 4월은 일찌감치 구경시키려고 안달이 난 꽃망울들을 시샘하는 훼방꾼들이 많아 종잡을 수 없는, 그래서 잔인한 달이라 했던가.

내 마음도 날씨를 닮았나 보다. 아침엔 텅 비어있는 멍한 허전함에 어느 겨울의 새벽 같을 걷듯 쓸쓸할 때가 많다. 하지만 일교차가 유난히 심한 오늘만큼은 내게도 20도 만큼의 기분 좋은 일이 일어나기를 기다려본다.

그날의 최고 온도는 오후 2~3시에 이르고 따뜻하던 햇볕은 서서히 시간 속으로 다시 싸늘함을 가져다준다. 역시 태양은 바람보다 힘이 세다는 동화책의 구절이 손지와 함께 읽던 해맑은 얼굴에 겹쳐 마음은 먼 이국땅으로 향하고 있다.

오늘 내게도 좋은 소식이 있다면 일교차의 정점을 찍는 그 시간이 될 것이다. 독일에 있는 손자가 혹시나 전화를 걸어 올지 모르는 시간이기 때문이다.

"할머니, 내가 일등으로 일어나 전화하는 거야."

"할머니, 엄마 아빠 아직 자고 있으니 조용히 말해."

"그래 그래 알았어."

하며 5살 손자와 소곤소곤 나누는 대화는 20도 이상의 햇볕보다 더 뜨거운 따뜻함을 안겨주기 때문이다. 같은 하늘 밑, 거리는 멀지만 카랑카랑한 목소리는 내게 최고조의 기분을 안겨 준다.

생각만으로도 마음을 채워주고 기쁨을 느낄 수 있는데, 때론 곁에 없다는 게 소스라치게 슬퍼지기도 한다. 하지만 만날 날을 기다리며 억지 미소를 지을 수밖에 없는 노릇이다. 오늘은 손자의 목소리를 들을 수 있기를 기대하며 고양이를 닮은 팬지꽃을 보고 있는데 담장 위에선 까만 고양이가 나를 지켜보고 앉아있다.

첫 손자를 보고 마냥 좋아했다. 서울 길을 바쁘게 오가며 하루하루 변해가는 모습을 눈에 담고 사진에 간직하며 남들이 다 하는 손주 사랑을 실감하며 지냈다. 아이들을 위하여 만들어놓은 마당의 잔디밭은 한 달에 한두 번 오는 손자의 놀이터로 훌륭했다. 같이 축구하고 여름이면 튜브수영장을 만들어 물놀이에 텐트도 치고 함께 웃고 떠들어대던 마당은 지금 새들의 운동장이 되어있다. 눈사람을 만들고 눈에 뒹굴던 시간은 멀리 옛이야기가 되어 한참을 되돌려야 한다.

세 살을 맞이하려던 어느 겨울날 외국 생활을 꿈꿔왔던 딸과 사위는 홀연히 독일로 떠나게 되었다. 사흘이 멀다 보러 다녔던 손자도 함께 가깝지도 않은 열세 시간의 비행을 하고 갔으니 보고 싶어도 쉽게 떠나지 못한다. 그나마 전화를 하고 영상통화로 얼굴을 볼 수 있으니 다행스럽지만 예쁜 손자와 사랑을 나누기에는 아쉬움뿐이다.

아직은 어리지만 할미가 생각나 전화라도 해주니 고맙기 그지없다. 함께 책도 보며 친구가 되어주나 했는데 갑작스런 헤어짐은 손자도 아쉬움이 있듯 전화의 끊김도 서로의 아픔이 아닐까 한다.

새로운 환경에서의 외국 생활은 어른이나 아이나 쉽지는 않을 것이다. " 말도 모르는데 유치원은 언제까지 다니는거야?" 어린 마음은 얼마나 힘들었을까 가슴이 저려온다. 잘 참고 다니는 줄만 알던 손자가 어느 아침 제 어미한테 했던 말이란다.

잘 참고 이겨내면 좋은 날이 있을거라 믿으며 보고 싶은 마음을 꾹꾹 내려놓는다.

모진 추위의 겨울이 지나야 새봄이 오듯 희망찬 내일이 있기를 기대한다. 조금씩 외로워질 때가 겹치기도 하지만 세 식구를 응원하련다.

일교차가 심한 요즈음 내 마음도 그랬으면 좋겠다. 하루 세 번 이상의 변화는 없더라도 반복되는 시간으로 지루함은 없애야 할 것 같다. 손자의 목소리를 기다리는 것 또한 하루의 큰 기쁨이다. 예쁜 얼굴과 맑은 목소리를 보고 듣는 것만으로도 20도보다는 두 배 만큼 40도의 사랑을 느낄 수 있는 따끈함이 있다.

가끔씩 해주는 전화를 기다리며 아침 일찍 놀러 와주는 참새들과 고양이에게, 텃밭에 자라는 채소들과 얘기하며 무엇보다 이웃이 있어 살맛 나는 시골 생활을 누리리라. 마음이 차갑고 외로워 더 이상 참기 어려울 때면 40도의 사랑을 찾아 짐을 꾸려 멀리 떠나련다. 그게 유일한 낙이 아니던가.

그리움의 입맞춤

휴대폰에 보내온 영상을 몇 번이고 되돌려보며 그리움에 빠져든다.

작은 소리라도 놓칠세라 볼륨은 최대치 눈동자는 고정상태, 이내 눈시울이 뜨거워진다.

딸은 지난해 둘째 아기를 낳았다. 먼 나라 독일에서 예쁜 딸을 낳고 돌을 갓 지낸 아기와 지난해 입학한 첫 손자를 데리고 2주간의 봄방학을 이용하여 다녀갔다. 오랜만에 찾아 왔으니 한 시간이 소중하고 하나의 추억이라도 남기려 집에 있는 시간보다는 밖으로 다니는 시간이 많았다. 어쩌다 아기를 남겨두고 나가는 날은 횡재하는 날이다. 그리워만 했던 아기와의 만남을 충분히 느끼고 기억해 주고 싶은 마음에 하루는 짧게만 지나갔다. 그렇게 길지 않은 시간을 뒤로하고 아쉬운 공항의 이별을 해야만 했다.

 하루가 멀다 사진을 보내주고 예쁘게 성장하는 모습을 앙증맞은 영상으로 보내주지만 그리움은 사그라지지 않는다. 사진으로만 보는 아기의 행동들을 마음에 담아 두려하지만 보고 싶은 마음은 가슴의 소용돌이로 심장까지 흔들어 놓는다. 당장이라도 가슴에 안아 까만 눈동자를 마주하고 꽃잎 같은 얼굴에 따뜻함을 느껴보고 싶지만 여의치만은 않아 그리움은 눈 쌓이듯 깊어만 간다.

 첫 손자는 서울에서 태어나 사흘이 멀다 눈을 맞추고 함께 놀아주고 마음껏 볼 수 있어 좋았다. 외로움에 지친 노년의 활력소가 되어준 손자였으니 보물과 같고 딸에게 도 고마웠다. 세 살이 되니 대화도 통하고 서로 의지하는 친구가 되어주기도 했는데 코로나가 시작되던 해 세 식구는 홀연히 먼 나라 독일을 향해 떠났다. 외국생활을 갈망하던 딸과 사위였으니 어쩔 수도 없는 노릇이었다. 어디서든 잘 살아 가기를 바랄 뿐이다.

 가족이니까 내 자식만은 곁에 있으면서 그들의 행복을 내 기쁨으로 삼으며 살아가는 게 세상의 이치이고 부모의 희망이라 생각했다. 하지만 어쩔 수 없는 상황에 외로움을 이겨내기 어려울 때도 많아지니 화살과 같이 날아가 버리는 시간을 원망하기도 한다. 누군가는 노년에 행복하려면 "타고난 회복력"이 필요하다고 했다. 어떤 불행이 닥쳐도 비관적인 생각에 머물지 말고 좋은 것만 보려는 낙천적인 태도를 가져야 한다고. 그래서 장래희망이 "웃는 눈으로 선한 것만 보는 할머니"가 되는 것이 장래 희망이라고 어느 할머니의 이야기를 소설가 김연수는 세밀히 적어놓았다. 노년의 진정한 삶을 일깨워 주는 듯하다.

나도 손자 손녀와 함께 있으면 웃는 눈으로 선한 것만 보고 인생을 아름답다고 말할 수 있을 텐데 말이다.

요즘은 매일 영상통화로 자라는 모습까지 볼 수 있고 마음을 전할 수 있으니 고마운 세상이다. 열세 시간의 비행시간이지만 일 년에 한두 번은 만 날 수도 있으니 큰 행복이고 기다림이다. 시인 조병화는 보고 싶은 사람이 있다는 건, 그리워지는 사람이 있다는 건 얼마나 즐겁고 인생다운 일인가 했듯이 늘 보고 싶고 그립고 생각나는 사람이 있으니 외롭지만은 않은 삶이리라. 기다림과 그리움의 시간이 너무 길고 지루하면 하늘길을 여행 삼아 떠나기도 하지만, 앞날을 생각하면 쉽게 떠날 수 없을지도 모른다는 두려움이 어쩔 수 없는 슬픔이기도 하다.

만남의 시간이 제일 짧았던 손녀가 유난히 더 보고 싶다. 처음엔 낯설어했지만 그동안 해주지 못한 깊은 사랑을 흠뻑 담아

주니 금방 좋아하고, 어부바를 모르는 아기를 포대기에 감싸 업어주니 포근함을 느껴서인지 엄마 제쳐놓고 고운 눈빛으로 안아 달라 유혹하기도 한다. 큰 이불 깔아놓고 신나게 뒹굴고 뽀뽀하며 키득키득 좋아했던 아기는 지금도 영상 통화하면 먼저 뽀뽀한다고 입술로 딱딱한 휴대폰을 막아버린다. 하루라도 빨리 손녀를 만나 뽀송한 얼굴에 그리움의 입맞춤을 하고 싶다. 하루하루 변해가는 모습을 직접 느껴보고 어깨까지 자란 머리도 묶어주고 싶다.

하루종일 웃으며 손자 손녀와 함께하면 모든 것들이 좋아 보이고 선한 마음이 들 것은 분명한데 계속되는 무더위에 쭈그러진 얼굴은 언제 펴지려나.

10월에 떠날 티켓 예약을 끝냈으니 손녀와 만날 날을 기다리며, 내일부터는 웃는 눈으로 좋은 것들만 보는 할미가 되려 한다. 너희가 있어 행복하단다.

친정엄마

텃밭에서 딴 빨간 고추가 곱고 탐스럽다.
어차피 고춧가루는 사 먹어야 하니 풋고추용으로 몇 주 심었는데 게으름 탓으로 빨갛게 익어간다. 한 바가지 따서 말려야 하는데도 몇 번의 손이 가야 하는지 고추를 자르며 서랍 속의 가위는 다 꺼내놓았다. 이 힘든 일들을 엄마는 어떻게 다 해냈을까? 먼 하늘의 친정엄마가 사무치게 보고 싶다.
심고 키우는 일은 제쳐놓고 빨갛게 익은 고추를 따고 깨끗이 씻어서 멍석에 넌다. 꼭지를 따서 말리면서 어느 정도 마르면 가위로 반을 갈라 잘 마르게 펼쳐놓고 씨를 빼기 위해 부지깽이로 두들겨 준다. 거의 말랐을 때 햇빛이 좋은 날을 택하여 잘 마른 고추만 비닐봉지에 담아 십 리나 되는 방앗간에 가서 빻아야 고춧가루를 먹을 수 있다. 초가을에는 비가 자주 오기도 하고 늦

장마가 지기도 한다. 지금이야 건조기가 있어 고추 말리는데 걱정 없지만, 그 옛날에는 아궁이에 불을 지펴 방바닥 전체에 널어 놓아 매운 냄새로 잠잘 곳을 찾아 이방 저방 헤매던 생각이 이젠 아득한 그리움으로 가득하다.

　쌀 한 톨을 얻기 위해 88번의 농부의 손길이 필요하다고 한다. 농촌에 살다 보니 거저 되는 일은 하나도 없다는 걸 새삼 느끼게 된다. 고추 한 바가지 따다 놓고 자르려 하니 열 개도 못 자르고 장비 탓이다. 큰 가위라 팔이 아픈가, 좀 작은 가위를 꺼내오니 역시 마찬가지 손가락이 아파 자르는 것을 포기하고 그냥 말리기로 했다. 아침에 보자기에 널고 저녁이면 거둬들여야 한다. 햇빛이 좋아야 일주일 정도다. 거의 다 마른 후 가위로 씨를 빼서 다시 말려 봉지에 담아두었다. 처음보다는 마른 고추 가위질이 수월했다. 먹기 아까울 만큼의 정성이 담긴 고춧가루가 될 것 같다.

　친정엄마를 생각하면 늘 일만 하던 모습에 가슴이 저려온다. 체구도 아주 작은 어린 나이 열여섯 살에 삼형제 막내며느리로 시집와 시부모 모시면서 일곱 자식을 낳았다. 다섯 남매 키우고 둘은 저 세상으로 일찍 보냈으니 아픈 가슴을 어찌 참고 살았는지 엄마가 있을 때는 생각조차 하지 못한, 흔히 그런가 보다 했던 일이었다.

　농촌 일 부자로 소문났으니 슬픔을 달랠 여유조차 없었을 게다. 부엌에서 연기로 눈물을 삼켰어야만 했을 엄마, 누구에게도 말 못하고 저린 가슴을 혼자 참아냈기에 늘 말이 없고 조용했던 엄마였나보다. 엄한 아버지 큰 소리에도 한마디 대꾸 없이 모든 걸 참고 지냈던 엄마가 왜 한없이 가여워지는지. 그때는 뭐가 바빠 엄마의 아픔은 생각조차 못 했는지 이제 와 후회해도 아무 소용이 없다.

　외삼촌이 한 분이었으나 일찍 돌아가셔서 외동딸로 남아 외로움도 많았을 내 엄마, 홀로 계신 외할머니 가끔 오시면 한방을 쓰니 아버지한테 눈치도 받았던 엄마, 멀지 않은 친정도 마음 놓고 갈 수 없었던 외롭고 힘든 엄마였지만 자식들한테 욕 한번 할 줄 모르는 따뜻한 엄마였다. 말썽부린 건 없지만 왜 진작 몰랐을까. 가까이서 살갑게 하지 못한 게 못내 아쉽고 눈물이 앞을 가린다.

　71세이던 추석 절, 수저 들기가 불편하셔서 한방병원에 입원하셨다. 연휴 기간을 틈타 병간호차 엄마와 하룻밤을 함께 지냈다. 저녁 드시고 양치하고 간단히 씻겨드리고 잠자리에 들었다. 명절이라 옆 침대가 비어있으니 침대에서 편히 자라고 자식을 먼저 생각해준 자상한 엄마였다. 엄마도 잘자! 하고 여느 때와 같이 많은 얘기도 없이 그렇게 하룻밤을 지내게 된 것이 마지막 밤이 될 줄이야…….

새벽녘, 건너편 보호자가 흔들어 깨워 일어나보니 엄마가 침대 밑에 앉아있었다. 냄새가 진동하여 우선 엄마를 앉혀드리고 치우고 나니 엄마는 보조 침대에 누워있었다. 씻으러 가야 하는데 반응이 없다. 의사한테 연락하고 아버지한테 전화해 큰 병원으로 옮겼으나 아무 의식 없이 이틀을 넘기지 못하셨다. 그렇게 갑자기 떠나실 줄은 생각지도 못한 일이었다.

　뇌경색으로 이별도 없이 떠나신 사랑하는 엄마, 말 한마디 못하고 얼굴도 못 본채 떠나보낸 금쪽같은 내 아들, 하루라도 없으면 못 살 것 같던 엄마와 아들을 그렇게 보냈기에 멍한 가슴으로 멀고도 먼 하늘을 응시할 때가 작년보다 더 많아진다. 누구보다 사랑했기에 그때 그 모습은 내 가슴속에 생명이 존재하는 한 그대로일 것이다.

　고추 몇 가마씩 따서 멍석에 널고 가위로 잘라 씨를 빼서 맛있는 김치를 담그던 엄마가 한없이 그립다. 힘들었던 상처들이 멍들어 머리를 피로 덮어버린 것은 아닐까 생각되지만 다 늦은 후회다. 농촌에 살면서 아주 작지만 텃밭 일을 하고 있으니 계절마다 더욱 생각나고 보고 싶다. 엄마를 닮은 딸이기에 더욱 그런가 보다. 그나마 못난 딸의 가슴앓이를 모르고 먼저 가신 것이 참 다행이다. 자식의 아픔은 내 아픔보다 살을 송두리째 도려내는 더 큰 슬픔이니 아무 일 모르고 떠나신 것으로 효도는 했나 싶기도 하다.

대추나무에 매달린 파란 알알이 가을빛으로 변해가는 이즈음이면, 엄마와의 마지막 저녁, 엄마의 따뜻한 사랑이 더욱더 그리워진다.

엄마의 부엌

옛날의 부엌은 두서너 아궁이에 찬장 하나 놓을 공간이 전부인 것 같았다. 혼자 검게 그을린 벽을 바라보며 밥을 하고 눈물을 흘리기도 하던 곳이었지만, 이젠 거실과 연결된 집안의 중심으로 가족과 함께 티브이를 보며 밥을 할 수 있는 장소로 거듭나고 있다. 그래서 엄마의 전용물이었던 공간이 남편 아들 가리지 않고 식구들의 화목한 장소로 변화되어 가고 있다.

70년대 중고등학교 시절만 해도 부엌은 아궁이를 통해 난방과 취사를 함께 하는 곳으로 마루나 방과는 동떨어져 있었다. 엄마는 쪼그리고 앉아 밥을 하고 낮은 부뚜막에 허리를 굽혀야만 음식을 했다. 집안에 우물도 없어 개울에서 물을 길어다 사용해야만 했다. 겨울이면 도끼로 얼음을 깨고 조그만 바가지 하나 들어갈 정도의 구멍을 내고 바가지로 물을 떠내야 하니 손과 발은 꽁꽁, 무거운 물지게로 물을 날랐다.

　그뿐만이 아니었다. 부엌 바닥에 상을 두 개씩 차려 마루를 통해 방으로 가려면 높다란 문지방 두 개를 넘어 세끼 밥상을 날랐다. 그렇다고 아버지가 도와준 적은 한 번도 보지 못했다. 오빠들이 커가면서 도와주었지만 언제나 엄마 혼자 다 했을 것을 생각하니 눈시울이 뜨거워진다. 작은 키에 튼튼하지도 않던 엄마가 얼마나 힘들었을지 내 나이 환갑이 지나서야 깨닫고 있으니 이제 무슨 소용이 있으랴.

　70년대 이후에는 새마을 운동의 일원인 생활환경 개선사업으로 부엌개량, 지붕개량을 해서 조금씩 바뀌었지만 크게 변화되지는 않았다. 도시에는 아파트가 생기면서 입식 부엌이 보급되었지만 주방은 거실과 분리된 공간이었다. 주방은 여성을 기준으로 조리대 높이가 75㎝였다고 한다. 싱크대가 놓여있고 조리대가 설치된 깨끗한 주방이 아파트를 선호하게 된 이유가 아닐까 한다.

　90년대 이후에는 여성의 평균 신장을 고려해 조리대 높이를 85㎝로 하고 싱크대 조리대 가스렌지가 순서대로 이어진 과학적 동선이 일반화되었다고 하니 여성의 키만큼 여권도 신장 되었으리라 믿는다.

2010년대 이후에는 빌트인이 일반화되기 시작하고 조리대도 89㎝로 높아지고 있다고 하니, 이젠 주방이 여성들의 전용공간을 넘어 남성을 겨냥한 주방 꾸미기에 적극적이라 한다. 가족을 등지고 음식 만들던 곳이 아일랜드 식탁으로 변하면서 가족을 바라보며 조리하니 정성도 듬뿍 더 맛있는 음식을 먹을 수 있지 않을까.
　요즈음은 지자체별로 남성 요리교실을 운영 호응을 받고 있다. 퇴직한 자와 홀로 지내는 이들을 위하여 수강료도 없이 맛있는 요리를 배우고 직접 만들 수 있으니 활성화될 수밖에 없을 것이다. 요리를 취미로 즐기는 남편들도 늘어나고 있다. 맞벌이하다 퇴직한 친구는 살림을 남편이 맡아서 하니 할 일이 없고 밥걱정 반찬 걱정도 안 하니 남 부러울 게 없다고 한다.
　나에겐 먼 얘기지만 그래도 아일랜드 식탁에서 밥을 먹을 수 있고 거실과 한 공간에서 티브이도 보면서 음식을 할 수 있다는 것에 감사한다. 언제쯤엔 남편도 주방에서 밥 차려주는 남자로 변하기를 기다리지만 내 나이가 훌쩍 넘어갈까 두렵기도 하다.
　아궁이 세 개가 나란히 있고 나무 찬장이 놓여있던 시멘트조리대, 그 옆엔 흙벽돌의 나뭇광이 있던 엄마의 부엌이 눈에 아른거린다. 매운 연기 때문일까 힘에 겨워서인지 엄마는 가끔 눈물을 보이기도 했다. 그때는 연기가 매워서 그런 줄로만 알았는데 농사 철엔 수 십명의 일꾼들 밥을 해서 오리나 되는 시골길을 머리에 이고 나르던 엄마는 얼마나 힘들었을까. 막내며느리지만 시부모 모시고 농사일하며, 그 힘든 일들을 어찌했을까 막막해진다. 작지만 강했던 우리 엄마가 자꾸 보고 싶어진다.

어둑어둑했던 나무로 밥을 짓던 엄마의 부엌은 엄마의 한숨이 서려있는 곳이리라.

온돌방

"춥지 않은 소한 없고 포근하지 않은 대한 없다"는데 세상이 어수선하니 날씨까지 변덕인가보다. 오늘이 24절기 중 마지막 절기인 대한인데 너무 춥다.

설날을 며칠 앞두고 마지막 추위를 선물로 가져다 줄 듯 어젯밤엔 하얀 세상을 만들어 놓더니 오늘은 눈보라가 휘몰아친다. 눈 온 다음 날은 거지가 빨래한다는 말도 무쳐졌나 보다. 추위가 한번 지나가면 따스한 봄은 올 것이다.

집안에 있지만 어느 곳에 정착하지를 못한다. 온돌방같이 정겹고 뜨끈한 곳이 없다. 소파도 그렇고 침대도 그렇고 보일러 온도를 높여보지만 혼자 있는 공간이라서인지 썰렁하기는 마찬가지다. 아파트에 살면서 옛날의 그 따끈함을 느껴보는 것은 불가능한 일이리라 생각된다.

이때쯤이면 아랫목은 뜨거워 자리를 비워놔야 할 정도다. 까맣게 탈까봐 대야에 물을 올려놓기도 하고 이참에 무를 썰어 말리기도 한다. 밤새도록 불을 지펴 엿을 과야하기 때문이다. 졸린 눈을 감아대며 눌지 않도록 부뚜막에 앉아 장작불의 뜨거움도 참고, 연기에 쓰라린 눈물도 참아내며 계속 저어대던 엄마의 모습이 이제야 마음에 들어온다. 조그만 팔은 얼마나 아팠을까 이제 서야 느껴진다.

온돌방은 어른 아이들을 모아놓아 정겨운 장소가 된다. 방이 여럿이지만 방 하나를 따끈하게 해서 온 식구가 모이고 이웃사촌이 함께하기도 한다. 자투리 이불속에는 발들이 오골오골하고 웃음소리 또한 발가락 수만큼 요란해진다. 그 옛날 땔감을 아끼기 보다는 가족이라는 테두리, 형제들의 우애, 이웃들의 사랑을 더 생각해서 부모님들은 그랬을지도 모른다.

지붕에는 고드름이 무성하고 문풍지엔 성애가 가득해도, 장작불을 피워 온돌방에서 여물게 자란 아이들은 훗날 어떤 어려움이나 고난이 있더라도 그 길을 헤쳐 나갈 힘이 있었다. 이불속에서 삐져나온 구멍 난 발가락을 서로 덮어주던 사랑이 남아있기에 이 세상을 거뜬히 살아갈 용기가 있는 것이다. 지금은 볼 수 없는 까맣게 타버린 따끈한 아랫목의 흔적을 다시 찾아보고 싶다.

　천정에는 메주들이 주렁주렁 달려있고 귀퉁이에 내가 만든 못난이 메주를 세워보며 어린 꿈을 키워왔다. 윗목에는 콩나물 시루가 검은 스카프를 쓰고 앉아 하루에 몇 번씩 불주기를 기다렸다. 아랫목 술 항아리에선 술 익어가는 냄새가 온 방을 가득 채워 어른 아이 낮잠을 재워주고, 화로에선 고구마 익어가는 향기에 미닫이문이 닫힐 겨를이 없었다. 이제는 다시는 돌아볼 수 없는 어릴 적 풍경이 가슴에 남아있음에 감사하다. 가끔씩 꺼내보고 싶은 날들이 많을 것 같다.

　메주 뜨는 냄새가 쿠리하고 쑥쑥 자라나던 콩나물시루, 큰어머니와 한 이불속에 있던 술 항아리의 시큼함, 화로 속에서 할머니 얼굴같이 쭈그러진 노릇한 고구마의 구수함, 우리 집만의 특징인 산수유의 시큼털털한 향이 배어있는 온돌방이 그립다. 그곳에는 엄마 아버지의 사랑과 다섯 형제들이 따스함이 배어 있었기 때문이다.

손자 사랑

두 돌도 안 된 손자를 안고 밤바람을 맞으며 까만 하늘을 올려다본다.

달 있다~ 세모 달~ 발음도 정확하다. 초승달이니 세모로 보였겠구나.

별도 있네~ 하며 아기별 엄마별 했더니 기다렸다는 듯 함미별 하며 목을 꼭 껴안는다.

사랑이 무엇인지 까맣게 잊고 기억조차 없는데, 이게 바로 사랑이구나 하는 마음에 밤공기의 상큼함까지 합해 힘껏 가슴으로 싸 안는다. 아기가 커가면서 얼마나 많은 사랑을 주고 또 받으려나 가슴에 환한 미소가 들썩거린다.

이곳으로 이사 온 지 2년. 이사 와서 전에 만들어놓았던 배냇저고리, 손수건, 기저귀를 빨아 마당에 하얗게 널어놓고 시골의

멋을 느끼며, 할미 될 준비에 나름 바쁘게 첫봄을 지냈다. 예정일이 6월 초였던 딸아이는 한 달이나 앞선 5월 초 첫아들을 순산했다. 가깝게 살아 시집보냈다는 서운함도 없이 지냈는데 아기를 낳으니, 아니 아들을 낳았다는 소식에 순간 이제 정말 다른 집 식구가 되었구나 하는 생각에 기쁨과 허전함이 공존하는 알지 못할 공허함이 느껴졌다.

그런 마음도 잠시, 낯선 곳에서 마음도 몸도 정착하지 못한 상황에 일이고 살림이고 팽개치고 아기 보러 다니는 재미에 빠졌다. 일주일에 두세 번씩 보고와도 아른거리기는 마찬가지다. 매주 출근하듯 아기 보러 다니는 게 일이 되어버렸다. 하루하루 변해가는 모습이 이쁘기만 하다. 돌 전에는 외부 출입을 안 하더니 요즘은 여기저기 안 가는 곳이 없다. 당연히 시골에 오는 횟수도 늘어간다.

외가는 시골에 있으면 좋다고 보여줄 것들이 많아서 좋다. 옆집에는 강아지를 언제 낳았는지 8마리가 올망졸망 뛰어다닌다. 뒤돌아볼 시간도 없이 작아 보이는 강아지를 뒤뚱뒤뚱 발로 차보기도 한다. 앉아서 뭐라 알아듣지 못하게 강아지와 얘기도 나누며. 언제 친해졌는지 예쁘다 만져주기도 하니 아기들끼리의 아장아장 대화가 있나 보다. 어른이 되면 서로 물어뜯고 시기하

고 미워하기도 하는데……. 티 없이 맑은 순수함이 나에게도 전해지기를 바라며 건강하게 쑥쑥 자라주기를 바란다.

  작년에 피고 진 수선화가 볏짚 밑에서 추위를 이겨내고 연한 싹을 선보인다. 싹싹 싹이 났어요~ 하니 하얀 손을 꺼내며 싹이~ 요~ 끝자리로 야무지게 마무리한다. 눈에 넣어도 안 아픈 손주란 말을 부정할 수가 없다. 사랑하는 마음이 넘쳐나니 누구에게라도 말하고 싶어진다. 하지만 아무한테 말하면 팔푼이 할미란 소리를 들을까 이렇게 소리 나지 않게 밀하고 있다.

　이순을 넘기고 보니 무뎌진 감정과 게으름에, 시간이 흐르니 나도 흘러가는 대로 그렇게 지내고 있다. "자기 인생에 온 힘을 쏟아 능력을 발휘하는 것이 최고의 삶"이고, 지금이 인생의 황금기라지만 용기도 없고 의욕도 나지 않는다. 시간을 죽이며 인생도 죽여가며 살아가고 있는 것 같다. 시골의 분위기가 그런 마음을 부추기고 있는지도 모르겠다. 누구를 사랑하는 일보다는 미워하는 마음이 커지고, 사랑을 받는 느낌보다는 싫어한다는 생각이 커진다. 긍정보다 부정적인 마음이 더 커져 스스로 분노하고 자신을 약하게 만든다. 내가 변해야 하는 것을 알지만 쉽게 변화하는 것도 쉬운 노릇은 아니다.

　이렇게 힘없이 지쳐가는 부모들에게 새 생명의 탄생은 많은 변화를 안겨준다. 얼굴만 바라봐도 평온한 마음을 갖게 되어, 불평보다는 행복한 미소가 생겨나니 그것은 마음에서 우러나오는 진정한 기쁨일 것이다. 두 돌이 가까워지니 할미 하비 얘깃거리가 줄 사탕 이어지듯 이어진다. 둘이서 지내며 하루 몇 마디 하면 석양을 보았건만, 손자와 놀다 보면 일 년 치 얘기를 다 해버리니 시간 가는 줄 모른다.

　요즘은 결혼해도 아기를 낳지 않는 젊은이들이 많아 『아이가 사라지는 세상』이란 책이 등장하기도 했다. 출산율 0.98이라니 여러 가지 문제가 발생할 것은 뻔한 일이다. 남녀가 결혼해서 2.1명 정도를 낳아야 현상유지가 된다고 한다. 출산율 감소속도가 빨라지고 저출산 상태가 장기적으로 지속되고 있어 영국의 데이비드 콜만 박사는 "한국이 지구촌에서 사라지는 최초의 국가가 될 것"이라고 예언까지 했다 하니 어떤 방안을 강구하여 젊은이들의 생각을 바꾸도록 해야 할 것 같다.

부모들의 마음도 헤아려주는 자녀들이 많아지기를 바란다. 외롭지 않게 기쁨을 안겨 주면 안 될까?

얼룩진 다이어리

사주단자 함에는 보물같이 간직하는 다이어리가 있다.

그저 아이들이 보고 싶을 때마다 적어놓은 글이려니 그리움만 있는 줄로만 생각하고 있었다.

얼마 전 딸이 "엄마 옛날의 그 수첩 어디 두었어?" 묻는다. 까마득히 잊어버리고 있었던 물건인데 잘 있겠지 하며 한장 한장 들춰보니 삶의 애환이 담겨있어 마음 아픈 기록물로 보관되어 가슴이 답답하고 저려온다.

아이들이 중학교가 돼서야 엄마의 마음을 헤아려 주리라 믿고 어릴 적 엄마의 사랑을 확인이라도 시켜주듯 얼룩진 수첩을 꺼내 보여 준 적이 있었다. 하지만 딸아이가 결혼해서 아이를 낳고 다시 보고 싶다는 데는 자신이 없다. 잘해 준 것보다 못 해준 것이 더 많고 시집살이의 슬픔이 그대로 녹아있기 때문이다.

결혼해서도 직장을 다니느라 아들을 낳고 백일도 안 된 아기를 떼어놓고 출근을 해야 했다. 그때는 출산 휴가가 3개월이어서 어김없이 어린 자식을 떼어놓고 나가야했다. 퇴촌에 계신 시부모님께 아기를 맡기고 천호동에서 직장을 다니며 주말이면 내려와 아기를 봤다. 그런 탓일까 지금도 맞벌이로 아기와 헤어져 살아가는 부부를 보면 가슴이 찡해온다.

아기와 어쩔 수 없어 헤어져 살아가면서 밤마다 보고 싶은 마음을 펜으로 적어 내려가면 흐르는 눈물도 그 위를 따라 덮었다. 첫아들을 낳고 몇 개월을 떨어져 지내면서 적어놓은 보고 싶다, 사랑한다는 말을 얼마나 많이 했는지, 그때 그렇게 사랑한 것을 알고 있겠지…….

그렇게 사랑하던 아들을 먼저 보내고 지금도 그때만큼 보고 싶고 사랑하고 그리워서, 하늘나라로 부치지도 못하는 편지를 매일 쓰고 있다는 것을 아들은 알고 있으리라 믿고 있다. 그런 시기가 있었기에 지금의 생활이 있지만, 너무나 힘든 시기였다. 잊어버리고 살았는데 다시금 생각하니 모든 것들을 사랑이라는 이름으로 덮어버리고 싶다.

직장생활 했던 엄마들이 결혼한 자식들에게 더 잘해주고 싶은 이유는 어릴 때 그만큼 못해줬던 미안함 때문이라고 하지 않는가. 둘째딸을 낳았을 때는 시부모님과 한집에서 같이 지냈다. 예쁘고 착한 딸은 늘 귀여움을 독차지했다. 조금은 어려운 생활이었지만 아들과 딸에게만은 모든 사랑을 듬뿍 주며 지낸 것 같다.

하지만 맞벌이 부부의 애환은 다시 시작되어 광주에서 수원으로 직장을 옮겨 아이들과 잠시 헤어져 지내야 하는 아픔을 또 겪어야했다. 아들이 다섯 살, 딸이 두 살이 되던 해 우선 남편과 둘만 수원으로 생활을 옮겨야했다. 다시 아이들과 헤어져 있으며 밤마다 일기 아닌 하소연으로 아이들과 함께하지 못하는 아쉬움을 글로 또 풀어 내야 했다. 그리 길지 않았던 시간이었지만 눈에 넣어도 아프지 않을 이쁜 자식들과 헤어져 지내야만 했던 마음은 길고 길기만 했다.

아들을 낳고 떨어져 지내면서 3개월간의 슬픈 사랑 이야기, 그리고 아들딸과 헤어져 지내면서 6개월의 그리움이 두 권의 수첩에 녹아있다. 뒷장에는 예쁜 손과 발의 그림까지 선명하게 남아있다. 언제라도 볼 수 있는 소중한 수첩, 어려움과 사랑이 함께 묻어있는 가보이기도하다. 그렇지만 딸에게 자랑스럽게 보여주지는 못하겠다. 딸의 슬픔도 함께 묻어있을지 모르니까.

하지만 옛 추억으로는 고이 간직하고 있다. 아들과 딸의 어릴 적 모습을 그리움으로 그려 볼 수 있으니까. 다섯 살짜리 아들의 낙서장이 되기도 했고 딸의 콧물이 얼룩져있고 엄마의 사랑과 눈물이 뒤섞여 잃어버리기 싫은 수첩이기 때문이다.

사람은 망각의 동물이기에 어느 기간이 지나면 기억해 내기란 어렵다. 살아가면서 소중하고 다시 생각하고 싶은 것들, 먼 훗날 다시금 떠올리고 싶은 것들은 잊지 않으려 메모하고 영원히 간직하고 싶어 보관하곤 한다.

그때그때의 마음이나 중요한 것들을 기록하고 정리하는 일은 무척이나 중요한 일이다. 가방에는 작은 수첩이 얼마 전까지만 해도 자리 잡고 있었는데 지금은 기계에 의존하고 있다. 없으면 불안해서 못 견디는 휴대폰이 그 자리를 차지하고 있다. 그래도 내 손으로 직접 쓸 수 있는 수첩이 우리에겐 필요하다. 그리고 그것을 소중히 간직하는 습관도 잊지 말아야 한다.

그리움이 묻어있는 얼룩진 다이어리를 가끔씩은 보고 싶어진다.

85. 7. 20.

슬프고 울적한 마음을 더해주는듯 찌푸린 날씨에 비가 내리는 하루였다.
현아가 엄마를 잘못둔 탓으로 인하여 고생을 하는것만 같아 잠을수가 없다. 몇일 직장을 쉬어서라도 현아를 데려와야 겠다. 누구보다 귀중한 나의 자식이다.
하루의 몇몇을 차를 빗길과 타며 행인을 쫓아다보. 어린 현아가 가엽기만 하다.
날씨까지 비가와서 쓸쓸하여 좋지나 않을까로 엄마가 보고싶고 자리가 불편하여 울지나 않는가 하루종일 현아 생각에 일이 손에 잡히지 않는 일과를 보내고 집에오니 더번 쓸쓸한 분위기가 또 눈물을 만들고 있구나.
수취한 아버지의 잔소리와 아무 생각없이 마구 떠들어 대는 소리가 더 나를 슬프게 만든다.
재산이나 얼마큼 있었으면 어떻하나 싶은 정도로, 왜 남이 하다가 나도 한다는 어리석은 생각을 하고 있는 것일까.
왜 지난날을 생각지 못하고. 집한채 빚으로 장만하고 또 엄마 되지 않아 딸과 아린이나 무슨일이 되겠는가.
허영과 욕심 모두 버리고 하루 하루를 충실히 사는 것 사람으로 모든 식구가 편하지 않을까 한다. 구고친심이 필요한 현실. 왜 남의 돼 살아가는 양 그런 생각과 행동을 해야만 하는지 이해 할수없고. 생활 환경이 자꾸만 나를 짜증나 슬퍼지게 만든다. 하루 빨리 이 지금의 생활환경 에서 탈피하련다.
얼마를 맞고 현아를 데리러 가야겠다.
나에겐 누구보다 귀중한. 무엇하고도 바꿀수없는 정현이기에.

슬픈 동백

정열적인 빛으로 황홀해 보이지만 왠지 슬프게만 보이는 동백꽃.

동백은 작은 봉우리가 추위와 모진 바람을 이겨내야 꽃망울을 터뜨리고, 아기 주먹만 한 선홍빛이 진초록의 잎새 뒤에 숨어 살포시 피어난다. 온갖 꽃들이 다 지고 잠자는 추운 계절에 홀로 피어 뭇 사람들에게 사랑을 듬뿍 받는다. 하지만 애석하게도 추위에 수분을 도와줄 곤충이 없어 향기보다는 강한 꽃의 색깔로 나비나 벌 대신에 동박새를 불러들인다고 하니 이 또한 슬픈 얘기다.

꽃이 피면 당연히 벌과 나비가 달려들어 꽃가루 받이를 해야 하지만 추운 겨울이니 와줄 친구가 없다. 바닷가 외딴섬에서 모진 바람을 맞으며 외로움을 견뎌야 하니 그 상처로인한 슬픔이 얼마나 클까. 무엇보다 엄동설한 힘든 시간을 이겨내고 활짝 피이난 탐스런 꽃이 어느 순간 송이째 땅에 떨어져야 하는 것이 눈물겹게 아프고 피멍같이 쓰라리다. 하얀 눈 위에 새빨간 꽃송이는 보는 이들의 마음에 따라 차이가 있겠지만 아픔으로 다가오는 건 무엇 때문일까.

동백꽃은 꽃이 질 때 벚꽃과 같이 바람에 흩날리지 않고, 한 잎씩 떨어지지도 않고 꽃 전체가 한꺼번에 떨어져 처연한 느낌을 준다. 이런 이유로 동백꽃은 이루지 못할 사랑이나 깊은 사랑에 비유되곤 한다. 동백을 주제로 한 시도 많이 찾아볼 수 있다. 특히 선운사 동백에 관하여 여러 시인들이 노래하고 있다.

용혜원 시인은 「선운사 동백꽃」에서 가슴 저린 한이 얼마나 크면/피를 머금은 듯 피를 토한 듯이/보기에도 섬뜩하게 검붉게 검붉게 피어나고 있는가./

문정희 시인의 「동백」은 지상에서는 더 이상 갈 곳이 없어/ 뜨거운 술에 붉은 독약 타서 마시고/ 천 길 절벽 위로 뛰어내리는 사랑/

최영미 시인의 「선운사에서」는 꽃이/ 피는 건 힘들어도/ 지는 건 잠깐이더군/ 골고루 쳐다볼 틈 없이/ 님 한번 생각할 틈 없이/아주 잠깐이더군/으로 표현되어 있다.

정열적이고 화려한 꽃을 보며 왜 이별과 사랑의 아픔을 노래했을까. 남모를 사연이라도 있듯 표현된 구절들이 내 마음을 더 슬프게 한다. 새빨간 꽃잎 안에 자리 잡아 황금 왕관이라도 차지한 듯한 꽃술은 벌과 나비들에게 사랑 한번 받지 못하고 님 한번 생각할 틈조차 없이 그대로 내동댕이쳐진다면 너무 슬픈 일 아닐까. 나무 밑에 떨어진 꽃 뭉치들은 홍건한 핏자국을 연상케 해 멍든 가슴을 움켜잡게 한다.

동백꽃을 보며 스물세 해를 마지막으로 기약 없이 떠나버린 아들을 생각한다. 청춘이 아프다 한들 그래도 이승이 좋으련만 다 핀 줄 알고 그렇게 가버렸나 보다. 얼마나 힘들게 피어났는

데, 그만큼 활짝 피느라 고생도 많았는데 어느 겨울날 한순간 동백꽃같이 홍건한 피만 남긴 채 떨어져 버린 분신. 그래서 어쩔 수 없이 보내야 했고 준비 없는 이별을 해야만 했지만 그날의 고통은 검붉은 피멍으로 그대로 남아있다.

외딴섬 바닷가 외로이 피어난 동백을 보면서, 한겨울을 이겨내고 상처투성이로 피어난 커다란 하얀 잎의 목련을 보며 생각한다. 엄동설한 철원의 산모퉁이에서 하얀 꽃송이의 가슴 저린 한이 얼마나 많았을까 생각할 때마다 머리는 없어지고 만다. 눈 위에 피어난 노란 수선화를 보며 아픔을 이겨내야 했다. 살아간다는 것은 외로움을 견디는 일, 가끔은 하느님도 외로워서 눈물을 흘리신다는 시구에 위안을 받던 날이 많았기에 오늘도 절규하고 있다.

추운 겨울에 핀다 하여 붙여진 이름 동백(冬柏). 추위를 이기고 활짝 피어낸 빨갛고 탐스런 꽃은 어느 순간 송이째 떨어져도 춥다고도 아프다고도 하지 못한다. 아주 춥던 1월 동백이 떨어지던 날, 크고 탐스럽게 꽃을 피우던 아들도 동백꽃과 같이 떨어졌다. 아무런 준비조차 하진 못한 터라 군복으로 수의를 입히고 떠나보내야만 했던 기막힌 날이었다. 십 년이 훨씬 지난 일이니 이렇게라도 아들을 생각하고 싶은 게 어미 마음인가 보다. 잊지 않으려, 잊고 싶지 않아서, 잊을까 두려워서 말이다.

 꽃은 붉지만, 잎은 항상 푸르러 청춘이듯 아들도 항상 그대로의 모습으로 영원하길 바란다. 다음 생에 만날 때 늙은 어미 못 알아보면 어미인 내가 먼저 알아보겠지. 너는 스물셋의 영원한 아들이니까. 다른 꽃들이 다 지고 난 후 아무도 피지 않는 추위에 피어 사랑을 듬뿍 받는 동백꽃같이 그곳에서 모두에게 사랑받는 외롭지 않은 영원한 삶이기를 이 세상에서 기도하련다.

또 다른 인연

우리는 살아가면서 많은 사람을 만나고 많은 것들과 관계를 맺는다. 우연일수도 있지만, 지속적인 관계를 형성해 감으로써 좋은 인연으로 이어 가기도 한다. 그 인연의 고리가 어떤 것이든 간에 때로는 필연이 아닐까 하는 생각도 해 본다. 한 번 맺은 소중한 인연은 시간이 지나도 향기를 뿜어내고 깊은 기억으로 간직될 것이다. 나쁜 만남보다는 좋은 만남이 훨씬 많을 테니까.

군에 보낸 아들의 사고사로 받은 위로금 전액을 아들이 다니던 대학교에 장학금으로 기부했다. 그 덕에 한 학기에 한 명씩, 매년 두 명의 학생들과 인연을 맺어 나가고 있다. 아들이 없는 세상이지만 그래도 세월은 흘러 20여 명의 학생이 장학금을 받았다. 많지 않은 금액이니 도움이 될지 모르지만 감사의 편지를 보내는 학생도 있다. 아들과의 인연이라고 생각하고 1년에 한두 번씩 그들과 점심을 같이 하기도 한다. 벌써 졸업하여 좋은 직장에 취업한 친구도 있고, 일본어과를 졸업한 학생이라 해외에서 근무하는 친구도 있다. 아들이 없으니 그들을 아들같이 대하지만 때론 젊은 친구로 생각하기도 한다.

  2012년 봄의 일이다. 어느 날 소포 한 상자가 도착했다. 장학금을 받은 학생의 부모님이 고향에서 직접 키운 파프리카를 보낸 것이었다. 농사지으며 빠듯하게 자식을 대학에 보냈는데 장학금을 받게 돼 고맙다고 했다. 보답을 기대하고 장학금을 내놓은 것은 아니지만 학생이 부모님께 장학금을 받게 된 사연을 전하고, 부모님께서 마음을 표시해 준 것이 고마웠다. 시골의 순박함이 묻어나는 정성이었다. 농촌에서 자라 누구보다 농사의 어려움을 알기에 보내 주신 성의에 감사하며 앉아서 먹을 수만은 없었다. 산골이니 생선 구하기가 어려울 것 같아 고등어와 갈치 세트를 주문하여 받은 주소로 보냈다.

  이것이 인연이 되어 지금은 장학생의 엄마와 전화를 주고받고 종종 왕래도 한다. 아들이 근무하던 철원 부대 내에 세워진 아들의 추모비를 방문할 때면 그 부모도 동행한다. 민간통제구역 내에 있는 부부의 집에 들러 맛있는 음식을 먹기도 하고, 아파트 단지만 한 하우스에서 수경 재배로 생산되는 파프리카를 직접 맛볼 기회도 갖는다. 철원 민통선 지역에서 파프리카 농사로 아들 셋을 모두 대학까지 공부시킨 열정이 대단한 부모님이다.

살면서 많은 사람을 만나고 좋은 인연을 맺기도 하지만 그 인연을 악연으로 이용하는 사람도 많다. 진정한 인연이라면 최선을 다해 좋은 인연이 되도록 관계를 돈독히 하고, 무심코 스쳐가는 인연이라면 지나쳐 버릴 줄도 알아야 할 것 같다. 모든 인연이 소중하다고 맺어 놓으면 스쳐가는 인연에 고통스러울 수도 있는 것이다. 한 번 옷깃을 스치는 것을 인연으로 여기지 말고 진실한 관계를 좋은 인연으로 여길 때 인생의 참맛을 보게 되리라.

인연이란 내가 그 사람에게로 다가가 무엇인가가 되어 주는 것이라 한다. 졸업한 지도 얼마 안 됐는데 그 학생이 결혼 청첩장을 보내왔다.

수원에서 철원 결혼식장까지 가는 길이 그리 쉽지는 않다. 장학금을 받았다는 편지만 받았지 얼굴도 한 번 보지 못했는데 청첩장까지 보내 주었으니 얼마나 큰 인연일까? 신랑 얼굴도 모르지만 첫 출발의 생생함을 기록하고 두 사람이 기뻐하는 모습들을 사진으로 간직해 주고 싶어 카메라를 메고 철원으로 떠났다.

수원 터미널에서 출발해 서울, 포천을 거쳐 4시간여 만에 신철원의 결혼식장에 가까스로 도착했다. 신랑 신부의 아름다움을 카메라 속에 훔쳐 넣었다. 부모의 선한 모습도 함께 담았다.

집에 돌아오니 캄캄한 밤이 되었다.

평생 한 번뿐인 아름다운 모습들을 얼른 보여 주고 싶은 마음에 다음 날 앨범 제작을 의뢰하여 일주일 내에 도착하게 했다. 사진을 보고 좋아할 모습만으로도 내겐 위안이 되고 기쁨이다. 비록 아들은 없지만 아들이 이어 주는 소중한 인연을 사람이든 일이든 내가 할 수 있는 상황에서 사랑하는 마음으로 이어가고 싶다.

  그런 의미에서 글을 통해 사람들과 소통할 수 있다는 것은 인연이기도 하지만 필연이 아닌가 한다. 생각날 때마다 쓰는 보잘것없는 글들이 누군가에게 조금의 치유가 되고 작은 빛이라도 되어 준다면, 하얀 백지 위에 써 가는 글들은 또 다른 인연으로 우리 앞에 다가올 거라고 생각한다.

03 / 세월의 흐름속에

느티나무의 추억

극성을 부리던 무더위도 다 잊은 듯 서늘한 가을 내음이 코끝을 찡하게 한다. 여기저기 길가의 코스모스가 눈길을 빼앗더니 어느덧 시간의 흐름 속에 꽃잎들이 하나둘 시들어 간다. 성질 급한 단풍잎이 색다른 모습으로 구절초 꽃잎 위에 나비가 되어 내려앉는다.

이때쯤이면 공연장이 있는 "수레울아트홀" 연천문화로의 끝도 없이 늘어선 가로수 길이 생각난다. 빨강, 노랑, 주황, 초록의 온갖 색깔로 단장한 나뭇잎들이 들판의 곡식들과 함께 익어간다. 집을 나서면 양쪽으로 이어진 느티나무들이 저절로 발길을 이끌어 준다. 가로수 옆 국화 밭에서는 매년 개최되는 전시회를 앞두고 예쁜 꽃망울들이 한껏 제멋을 뽐내고 있다. 10년 이상 국화꽃을 피우고 계신 어르신의 미소에서 국화송이보다 더 귀한 아름다움을 엿볼 수 있다.

아트홀 입구에서 연전군칭 끝까지 이어진 느티나무 가로수 길은 한두 번 가본 서울의 가로수 길보다 백배는 좋아 보인다. 오래되어 큰 숲을 이루니 좋고, 한가로이 거닐 수 있어 좋고, 누군가를 기다릴 수 있는 장소가 되어주니 좋다. 누구나 와서 공연을 할 수 있는 한적한 장소로도 기막힌 곳이다.

내가 더 좋아하는 이유는 아무 때고 갈 수 있는 곳이기 때문이다. 아파트 옆길로 아침에는 운동 삼아 빠르게, 점심에는 햇빛을 가려주니 쉼터삼아 천천히, 저녁에는 퇴근한 남편과 함께 걷는 산책길이 되어주니 낯선 곳에서의 가로수 길은 나의 놀이터가 되어 준 셈이다. 그래서인지 느티나무는 언제 봐도 정겹고 그리움이 서려있다.

고향 집 앞마당에도 아주 오래된 아름드리 느티나무가 있다. 어릴 적 모든 것들을 함께한 친구이기도하고 학교 다닐 때는 즐거움을 함께 나눈 고마운 형제이기도 하다. 나무의 둘레를 확인하기 위해 작은 두 팔을 쭉 벌려 나무를 재어보던 그때가 그립다.

봄이면 손톱만한 연한 잎들이 온 동네를 환하게 밝혀주고, 연녹색의 잎으로는 새봄맞이 떡을 해 먹었다. 겨울의 앙상한 나뭇

가지에 돋아 난 무수한 잎들은 그해의 풍년과 동네를 지켜주는 수호신이 되었다.

여름의 느티나무 그늘은 어릴 적 놀이터였고 공부방이 되어주었다. 아버지는 더위를 피하고 아이들이 놀 수 있도록 항상 멍석을 깔아놓았다. 멍석 위에서 배 깔고 숙제하기, 공기놀이, 딱지놀이, 옷 벗어놓고 개울에서 멱 감기, 그리고 낮잠 등 동네 아이들이 몰려와 같이 놀던 정겨운 곳이다.

큰 고목에는 배꼽도 있고 동굴같은 창고도 있었다. 큰 구멍은 숙제한 책을 넣어두는 책장도 되고, 신발을 감춰두는 신발장도 되고, 중요한 것을 숨겨두는 보물창고가 되기도 했다. 저녁이면 들에 나간 엄마를 기다리던 곳도 느티나무 밑이었다.

저녁이면 모깃불을 피워놓고 온 식구가 멍석에 모여앉아 옥수수와 감자, 참외를 먹으며 함께 얘기하던 곳. 무섭기만 한 아버지가 모처럼 술에 취해서 노래를 부르셨던 곳, 그래서 아버지 노래 "이 풍진 세상을 만났으니"를 처음이자 마지막으로 들어본 곳도 느티나무 밑이다. 지금은 아버지를 생각하며 가끔 흥얼거리는 나의 노래이기도 하다.

가을이 오면 단풍잎을 색깔별로 주워 책갈피에 끼워 놓기도 하고, 창호지로 된 미닫이문에 예쁘게 장식하여 일 년 내내 눈요기하기에도 충분했다. 하지만 난풍잎은 늘 말썽을 피웠다. 추수가 끝나고 벼를 말리기 위해 깔아놓은 멍석에 떨어져 훼방을 놓으니 말이다. 하루에도 몇 번씩 나뭇잎을 주워내야만 했다. 어른이 된 지금이야 일도 아니지만 놀기 바쁜 그때는 왜 그렇게 하기 싫었을까?

겨울이 되면 느티나무는 앙상한 가지로 변하여 그동안 보지 못했던 아랫마을을 구경할 수 있게 해준다. 이른 아침, 까치집에서 까치가 울면 오늘은 누가 오지 않을까 하는 마음으로 아랫마을을 한참이나 지켜보던 기다림의 장소가 되기도 했다. 하얀 눈과 모진 바람을 맞으면서도 추위도 모르고 우직하게 서 있는 나무가 안쓰럽게 느껴지기도 했다.

지금의 느티나무는 어릴 적보다 훨씬 작아진 모습입니다. 내가 그만큼 커진 때문에 작게 보일 수도 있다. 하지만, 모진 풍파에 가지도 잘리고 나이가 들어 몸체가 줄어든 것은 아닐까 싶다. 보물 창고로 사용하며 놀던 큰 구멍도 없어지고 시멘트로 메꿔져 있다.

300여 년이 된 느티나무는 지금도 그 자리를 지켜주고 있지만 지나간 그 흔적들은 아무것도 찾을 수가 없다. 가슴에 희미하게 남아있을 뿐이다. 밭에 나간 엄마를 기다릴 수도 없고, 아버지의 노랫소리도 더 이상 들을 수가 없다. 하지만 느티나무는 오랫동안 그 자리를 지켜주길 바란다. 거기에서 엄마의 포근함과 자상함을 느끼고 아버지의 큰 사랑을 간직할 수 있으니까.

이제는 일 년에 한두 번 찾아가는 곳이 되었지만 많은 추억이 있기에, 큰 느티나무가 그 자리를 지키고 있기에 낯설지 않고 늘 반가운 곳이다. 그래서 사람들은 고향을 그리워하고 다시 찾아가는가 보다.

오늘도 연천 아파트 입구의 느티나무 가로수 길을 오가며 옛 생각에 그리움을 달래본다. 빠~알간 단풍잎 하나가 어깨를 스치며 떨어지고 있다.

03 세월의 흐름속에 129

연시와 인생

먹다 잊어버린 연시 두 개가 창틀에 주저앉아 있다.

겉모양이 검버섯으로 얼룩진 할머니 손등 같아 차마 입을 대기조차 안쓰럽다.

감나무에서 딴 홍시를 바로 먹기에는 떫을 것 같아 창틀에 올려놓고 하나씩 먹다 남은 것이 시간이 지나고 봐주는 이 없으니 혼자 시들해진 것이다. 예쁘고 탐스럽던 홍시가 빛도 제대로 비치지 않는 써늘한 음지에서 쓸쓸히 변해버린 것을 보니 인생과 다를 바가 없다는 것을 깨닫게 된다.

요즘은 함께 생활하면 불편하다고 혼자 사는 게 당연시되고 있다. 청년은 청년대로 노인은 노인대로 외로울망정 편한 것을 선호한다. 혼밥을 먹고 고독사도 늘어 가지만

자식들은 부모를 거부하고 있는 현실이다. 제때 찾아 먹지 않

고 방치해 놓은 연시처럼 그렇게 혼자 힘없이 스러져 버릴 것 같은 인생이다. 말캉말캉 맛있는 속내는 다 자식들에게 내어 주었건만 먹지도 못하는 검은 씨와 쭈글쭈글한 껍질이 옛날 할머니의 모습과 흡사하다.

 뽀얀 새잎은 아기의 예쁜 볼을 닮았고 우윳빛 고깔 모양의 감꽃은 어린 시절 간식으로 또는 장난감으로 장식하며 놀던 시절도 있었다. 꽃이 진 자리엔 어김없이 아주 작은 봉오리들이 귀엽게 자리하지만, 나중에 보면 나무에 달린 감보다는 떨어져 버린 숫자가 훨씬 많다는 것을 알게 된다. 그만큼 세상살이가 만만치 않음을 깨우치는 듯하다. 떨어진 작은 감들로 공기놀이를 하고 소꿉장난하던 그때는 떨어진 감을 주워 놓기에만 바빴다.

 집을 짓고 마당에 감나무 한그루 심은 지 7년이 되었건만 홍시 댓 개를 따먹지 못했다. 거름도 주고 전지도 해주었건만 기술 부족인지 기후 탓인지 알 수가 없다. 추운 지역에선 감이 열리지 않는다는 설이 있지만, 옆 마을의 주렁주렁한 탐스러움을 가끔은 보면서 그것도 아닌 것 같다. 정성을 다하고 기다리면 언젠가는 손도 대지 못할 만큼 크고 풍성한 감이 열리지 않을까 파란 가을 하늘에 탐스런 홍시가 주저리 주렁주렁한 날을 기다리련다.

친정집 주위엔 밤나무 감나무 대추나무 등 오래된 유실수가 많았다. 식구들이 먹고 남으면, 아니 좋은 과실은 먹기 전에 시장에 내다 팔기도 했다. 밤송이를 따서 모아놓으면 산더미를 이루고 광주리 광주리에 고운 감들을 정성으로 쌓아 켜켜로 담아놓았다. 시장도 없는 터라 몇 십리 고갯길을 마차로 이동하여 송파까지 가서 팔았다는 아버지의 눈물겨운 이야기가 가슴 한편에 남아있다. 가끔씩 감나무 아래에서 고향에 매달린 연홍색의 감들과 엄마의 동그란 얼굴을 그리워하는 때가 많아진다.

내 나이 칠십을 코앞에 두고 보니 가끔씩 밀려오는 그리움과 아쉬움에 슬픔을 안고 지내야하는 마음이 커져간다. 창틀에 놓아둔 홍시가 누구의 눈길도 받지 못하고 흐물흐물 주저앉아 버리는 황당한 일은 없어야 할 텐데 걱정도 앞선다. 어디 홍시뿐이랴. 냉장고 안의 채소나 과일들도 마찬가지 신세다. 어쩔 수 없이 내다 버려야 하는 음식물들도 늘어만 가고 있다.

나무 끝에 매달린 탐스런 예쁜 감들은 많은 사람들의 군침의 대상이었고 발길을 멈추게 하는 마력도 있었건만……. 날아가는 새들의 표적이 되어 입맛을 다시게도 했는데 자연의 섭리에는 맥을 추지 못하는가 보다. 세월의 흐름에 모든 생물들이 약해지고 만다는 것을 다시금 생각하며 흐트러짐 없이 몸과 마음을 바로 세우도록 노력해야 할 깃 같다. 파란 가을 하늘에 주렁주렁 매달린 홍시처럼 여러 사람들로 부터 눈길을 받으며 떳떳한 삶을 살아야 하지 않을까? 언제 떨어질지는 아무도 모르는 인생이려니.

창틀에 남아있는 연시는 입에 대보지도 못하고 그대로 텃밭으로 옮겨졌다. 자연으로의 회귀본능에 차마 쓰레기통에 담을 수는 없었다. 그렇게 인생도 마무리되는 것 같다는 생각이 앞서는 것은 나의 세월이 그만큼 지났다는 탓이리라.

세월의 흐름 속에

　앨범 속의 배불뚝이는 어느새 환갑을 지내고 딸의 모습을 보며 지난날을 되짚어본다. 가끔은 나이를 잊고 산다. 아니 육십 줄에 들고 보니 나이라는 생각 자체를 잊어버리고 싶은 거다. 어쩌다 들춰 보려면 딸의 나이에다 삼십을 더해서 가늠해 내곤 한다. 나이는 숫자에 불과하다지만 하나하나 더해지는 나이테는 허리가 굵어지는 것만큼 기분 좋은 일은 아니다.

　그 시절 앨범 속의 엄마는 큰 점퍼를 입고 있었다. 배부른 것이 창피라도 하듯 주머니에 손을 넣기도 하고, 큰 옷으로 부른 배를 감추고 다녔다. 그때는 지금과 달리 "아들딸 구별 말고 둘만 낳아 잘 기르자"를 부르짖던 산아제한 시기였다. 둘 이상은 낳지 말라는 문구가 머리와 눈에 박히고, 생활 형편도 어려웠던 시절이라 아들딸 둘을 낳아 시대에 부응했다.

요즈음은 임신 기념사진을 자랑스럽게 찍는다. 몸매가 드러나는 얇은 원피스는 부른 배를 더 부르게 하여 누가 보아도 민망할 정도이다. 하지만 제일 행복하고 축복받아야 할 시간이니 옛날의 시선으로 보아서는 안 될 것이다. 지금은 출산율이 제일 저조한 나라로 여러 가지 출산 장려 정책을 펴고 있으니 부른 배를 자랑하며 뽐내고 다니는 것이 당연한 것이 되었다.

"십 년이면 강산도 변한다"고 했다. 벌써 삼십 년이 지났으니 강산이 세 번 바뀌었다면 세상의 다른 것들은 삼십 배 이상 변화된 것 같다. 출산 제한시대에서 출산 장려시대로, 부른 배를 감추고 다니던 세대에서 더 불러보이게 자랑하는 세대로, 셋째 낳으면 혜택 없던 시대에서 셋을 낳으면 더 많은 혜택을 받을 수 있는 시대로, 아이를 낳으면 나라에서 키워준다는 시대로 변했으니 말이다.

점퍼 속의 감춰져 있던 아기는 30년이란 세월이 흘러 이젠 어엿한 한 남자의 아내가 되었다. 자식이 결혼을 하니 부모도 나이가 들어 또 다른 기다림을 갖게 된다. 아이는 엄마를 기다리고, 젊어서는 연인을, 결혼 후에는 자식을, 더 나이 들어서는 그 자식의 자식들을 기다리며 살아가는 게 사람 살아가는 순리라도 되듯 나 또한 남들이 자랑하는 휴대폰 속의 아기를 기다리고 있었다.

  얼마 전 딸아이가 사진 한 장을 보여준다. 아기를 낳기 전 기념사진을 남겨야 한다며 스튜디오를 찾아 부른 배를 힘껏 자랑하며 찍은 사진이다. 엄마 뱃속에 있으면서 감춰져 있던 자신을 뽐내기라도 하듯, 애국했으니 자랑스럽다는 당당한 포즈가 조금은 낯설기도 했지만 그 옛날 감추고 다녔던 내 마음까지 한 올 한 올 풀어주는 기분이었다.

  사진 속의 아기는 이제 아장아장 걷기에 바쁘다. 혼자서도 다 할 수 있다는 굳은 표정으로 한발 한발 내 딛는 폼이 하늘을 날 것 같다. 일주일에 두 번 만나는 손자와의 만남은 웃음, 희망, 행복, 삶의 활력소로 늘 기다려지는 시간이다.

  "방아깨비를 키우지 외손주를 키우냐" "손주 키운 공은 없다더라"는 말을 들으면서도 아랑곳하지 않고 그냥 좋은 표정이다. 손목이 아프고 어깨가 결려도 안아 달라고 하기 전에 먼저 안아주고 저녁이면 '손주병'으로 파스로 도배를 할지언정 함께 있는 시간은 모든 걸 잊어버린다.

  세월이 흐름에 따라 할머니들의 마음도 변해 손주병도 없어질 거란 기사를 보았다. 손주 보기를 그만두고 싶다는 의견이 70% 이상이고 심지어 '딸에게 결혼하라고 강요하고 싶지 않다'

는 5060 여성도 흔하다고 하니 저출산이 젊은 세대의 문제만은 아닌 것 같다. 그나마 7080 할머니들이 손주들을 지극정성으로 돌봐주고 있어 맞벌이 부부들이 일할 수 있지만 머지않아 그것도 쉬운 일은 아닐 것 같다.

한 가정에 3·4대가 모여 살면서 아기를 낳으면 할머니가 봐주는 것은 당연한 일이었다. 물어보거나 따질 필요조차 없었던 시기가 몇 년 전쯤으로 기억되는데 지금은 부모 대로 자식 대로 제각각 혼자 사는 세대가 늘어가고 있다. 키우기 어렵다고 아기 낳기를 포기하는 부부도 늘어가고 있다. 이 모두가 너무 풍족한 생활에서 오는 자연 현상이 아닐까 생각하게 한다. 혼자는 외로워 둘이 되듯 둘이 한 가정을 이루고 가족이라는 테두리 안에서 행복을 찾아가는 그런 사회가 되었으면 하는 바람이다. 그래야 우리 같은 사람들이 맘 놓고 편하게 늙어 갈 것 같다.

아기를 돌보며 성장 과정을 사진으로 남기고 앨범을 만들어 놓으면 아주 먼 훗날엔 추억의 앨범이 되겠지. 순간순간의 표정을 휴대폰 사진으로 담아 보내주고 받기도 하지만, 그래도 가끔 꺼내보고 오래 보존하기 위해서는 앨범이 제격이다. 두고두고 간직할 수 있는 추억의 앨범을 지금이라도 만들어보자. 가끔 꺼내보면서 미소 지을 수 있는 시간을 가져보는 것도 풍성한 가을의 맛을 느껴보는 것이 아닐까?

　그 옛날 앨범 속의 배불뚝이 사진 한 장을 꺼내보며 30여 년간의 추억이 차창 밖의 풍경들처럼 여러 가지 모양으로 흩어진다. 손자 얼굴과 주름진 내 얼굴을 비춰보며 세월의 흐름을 뇌짚어본다.

새들과 함께

아기참새가 잔디밭에서 아장아장 걸음마를 하고 있다. 더 가까이 오기를 기다리며 유리창에 붙어 허수아비가 되어 간다. 손끝에 집힐 만큼 오더니 두 마리가 찍 짹짹 속삭인다. 혼자 있는 주인에게 씰룩씰룩 춤을 추어 보이더니 더위 때문일까 토마토가 익어가는 그늘 밑으로 숨어버린다. 정겨운 농촌의 한 나절 풍경이다.

귀촌하여 내려온 지 2년이 지나간다. 집을 짓고 잔디를 심고 텃밭도 조금 만들었다. 울타리엔 과실나무를 심었더니 올해는 따 먹는 재미가 쏠쏠하다. 엄지손가락만 한 오디가 아침의 입맛을 돋워주고 블루베리가 힘을 돋아 준다. 텃밭에선 빨간 토마토가 걸음을 재촉하고 옛날에는 천금을 주고 샀다고 하는 천금채(상추)와 고추가 소리도 없이 부쩍 자라 식탁을 풍성하게 해주니 일 년의 반은 반찬 걱정 없이 그럭저럭 지낼 수 있다.

　봄 여름의 색은 녹색이다. 아무리 봐도 싫증이 나지 않고 지친 마음에 평안을 주는 듯하다. 그래서 농촌 분위기는 늘 평온하고 한가로움을 주나 보다. 울타리에 나무 몇 그루를 심었더니 지나가던 새들의 쉼터가 되어 하루종일 시끌시끌하다. 까치 까마귀는 아침부터 일어나라 울어대고 작은 참새들은 무슨 일이 있는지 땅으로 하늘로 온종일 바쁘다. 앞 논의 하얀 왜가리 떼까지 알아듣지 못하는 대화를 나누지만 내 가슴은 다 알아듣고 그래그래 웃음으로 대답하기 일쑤다.

　몇 년 전의 일이다. 전에 살던 아파트에 들어올 틈이라곤 없는데 새 한 마리가 들어와 잠을 자고 간 적이 있다. 아침에 일어나 베란다에서 폴짝이는 새가 가여운 마음에 창을 열어 넓은 세상으로 보내주었다. 남편이 '하늘나라에 간 아들이 보고 싶어서 새가 되어 왔나 봐'란 한마디에 보내버린 새를 집안에서 같이 지낼 걸 하며 후회도 해 보았다. 그러나 가고 싶은 곳을 어디든지 훨훨 날아 세상 곳곳을 구경하기를 기원했다.

　이제는 언제라도 쉬어 갈 수 있는 새들의 보금자리를 만들어야겠다. 네가 새가 되었으면 나는 나무가 되어 기다린다고 했으니 어디서라도 찾아올 수 있도록 나무를 심어 아침 인사를 나누고, 하루 종일 정겹게 놀다 둥지도 지을 수 있는 터전을 만들어 놓고 싶다. 항상 함께할 수 있는 포근함을 만들어 그들과 함께 지저귀며 외롭지 않은 노후를 보내고 싶다. 아들이 태어난 고향으로 이사를 했으니 낯설지 않게 찾아오리라 믿으며…….

며칠 전 꽃대 오른 상추를 뽑아내고 열무 씨를 뿌렸더니 지난해에는 보지 못하던 현상이 나타났다, 참새들이 쉴 새 없이 드나들어 갓 뿌린 씨들을 모두 쪼아먹은 줄 알았는데 그렇지 않았다. 이상하게도 손이 들어갈 정도의 구멍들이 여기저기 생겨났다. 이틀이 지나니 자국은 더 크게 번졌다. 자세히 보니 흙 속에서 날갯짓을 하며 몸을 숨기고 움직이는 모습을 관찰할 수 있었다. 참새는 모래 목욕을 자주 즐긴다는 것을 뒤늦게 알게 되었다. 씨를 쪼아 먹기 위한 것이 아니라 고운 흙이 있는 곳에서 몸을 파묻고 깃털을 털어내기 위한 행동임을 알게 되었다.

우리는 죽음 이후를 사후세계 또는 내세라 말한다. 흔히 알려진 내세관을 요약해 보면 기독교에서 말하는 이 세상에서 육체가 죽은 후에는 '어떤' 영적인 세상 또는 영계에서 계속하여 삶을 이어간다는 것. 그리고 주로 불교에서 육체가 죽은 후에는 일정 시간이 지난 후에 다시 이 세상으로 태어난다는 윤회설은 개인이 영계에 들어갈 수 있는 자격을 얻을 때까지 계속된다는 것이다. 또 유물론에서는 이 세상에서 육체의 죽음과 동시에 그 개인은 영원한 소멸에 이르게 된다는 것이다.

사후세계에 대해 어느 것을 믿느냐는 종교의 차이가 있겠지만 마음이 있는 곳에 생각은 머물기 마련인 것 같다. 이곳에 육체는 없더라도 천상에서의 영원한 삶을 기원하고 있지만, 하고 싶은 일들도 많고 가고 싶은 곳들도 많았을 텐데 자유로운 새가 되어 넓은 세상을 누비고 좋아하는 다하지 못한 것들을 했으면 하는 바람이다. 날개가 피곤하고 힘들 때 쉬어 가는 쉼터를 만들어 준다는 것이 내 마음 채우기란 걸 알지만 어쩔 수 없는 노릇이다. 그렇게 믿고 지내면 된다.

소설가 박완서의,

"아무렇지도 않지 않은 사람이 아무렇지도 않아 보였다면 그게 얼마나 눈물겨운 노력의 결과였는지 한 번도 생각해 본 적 없으시죠."

"만약 내 수만 수억의 기억의 가닥 중 아들을 기억하는 가닥을 찾아내어 끊어버리는 수술이 가능하다면 이 고통에서 벗어나련만, 그러나 곧 아들의 기억이 지워진 내 존재의 무의미성에 진저리를 친다."

그의 말이 너무나 솔직해 가슴을 헤집어 놓는다.

참척의 슬픔이란 누구에게도 말하지 못하고 가슴에 묻는다는 것이기에 그렇게 지내온지 십수 년. 길에서 정신없이 웃는 사람을 부러워한 적도 있으면서도 아무 일도 없는 것처럼, 아무렇지도 않게 보이기 위해 아주 가끔 글로만 옮겨 메우고 있다. 흘러가는 구름처럼 시간이 멈추지 않는 한 그 또한 영원하리라 믿으며 아무렇지 않게 아무 일도 없는 듯 마음은 늘 같은 생각이다.

한 장씩 넘어가는 달력을 바라보면서 내 머릿속의 기억이 한 줄씩이라도 지워지지 않기를 기도한다. 늘 그리워하고 생각나고 보고 싶은 사람이 있다는 것에 고맙고 나를 채워가며 살아갈 수 있는 수단이 되어 그래도 살만하다. 오늘을 사랑할 수 있다는 것, 자연을 사랑하며 지낼 수 있는 것이 외롭지 않은 이유가 되지 않을까. 지저귀는 모든 새들의 정겨운 쉼터가 될 수 있는 터전에서 남은 생을 살아가련다.

오는 봄의 불편한 진실

　새봄을 알리는 3월의 시작이지만 불안한 마음은 엄동설한에 요지부동이다.
　코로나 확진자 수 3만 명이 어제 같더니 30만 명을 육박하고 있어 밖에 나가기조차 무섭다. 엎친 데 덮친 격으로 우크라이나 전쟁은 시들어 들 기세가 없이 점점 확대되어 무서운 기사들과 화면이 몸을 동여매고 있다.
　울진에서 발생한 산불 또한 건조기에 강한 바람으로 삼척까지 번져 진화 기미가 없고, 강릉 동해 안산지역에도 산불이 발생 전국을 덮지 않을까 걱정이 태산이다. 산 밑 지방 이재민들도 많을 거라 하니 이 추운 날씨에 고생은 어떡할까 모두가 불안하고 무서운 상황에 오는 봄을 거부하고 싶은 심정이다. 산불이 하루 빨리 잡혀 안정되기를 바란다.

불편한 마음을 달래기 위해 눈을 돌리기로 했다. 농촌에 내려와 봄이 오면 지나치지 않고 들리는 곳이 있다. 양재 꽃 시상에 가면 많은 꽃 가게가 있고 한편에 나무 파는 곳도 있지만, 지역 산림조합에서 운영하는 나무 시장이다. 식목일보다 한 달이나 앞서 나무 시장 개장 현수막이 눈길을 가로막아 눈먼 아이처럼 따라가니 온갖 유실수와 관상수들이 즐비하다.

아직 꽃이나 열매는 볼 수 없지만 죽은 듯 앙상한 가지에서 탐스러운 열매를 보며 군침을 꼴깍, 우선 유실수에 눈길을 맞춘다. 작년에는 체리 두 주와 뽕나무 열 주를 사다 심었으니 오디 따먹기에 심심치 않은 시간을 보낼 것 같다. 올해는 그 옛날을 회상하며 자두와 사과나무를 심기로 했다.

초등학교 바로 옆에는 자두밭이 있었다. 자두는 여름 장마철이 수확기인 듯 비바람이 불면 핏빛의 자두가 떨어져 어린 마음을 유혹했다. 얼마나 먹고 싶었는지 어쩌다 주인의 눈길을 피해 떨어진 자두 한 알에서 새콤달콤함에 입맛을 다셨던, 그래서 이른 아침부터 자두밭을 기웃거렸던 어린 시절이 있었다.

사과나무는 중학교 때 경주로 수학여행을 가면서 처음 본 것 같다. 대구에서만 사과가 나는 곳이니 난생처음 버스 여행을 하면서 지나던 길에 빨갛게 주렁주렁했던 사과는 지금도 기억이 생생하다. 가시 많은 탱자나무 울타리 안에 탐스럽게 열린 사과는 눈으로만 볼 수 있었다. 지금에야 전국에서 사과 배 등 계절도 없이 과일을 맛볼 수 있지만, 그때는 사과는 대구, 배는 나주에서만 재배가 가능한 기후였나보다. 모두가 지나간 그리움이고 추억이다.

자두와 사과나무를 심고 정성으로 키워 옛날의 그 자두 맛을 느껴보고 싶다.

새콤하고 달콤했던 그 맛의 기억을 떠올리며 코흘리개 얼굴들도 찾아보고 싶다. 올가을엔 사과밭이 보이는 대구로 추억 여행을 떠나 빨간 사과 한 소쿠리를 담아 싱싱함과 그리움에 취해 보고 싶다.

봄은 아직인데 어디에서 소리를 들었는지 고목에서도 꽃을 피우고, 척박한 돌 틈에서도 제 생명을 다하는 아주 작은 생명체들이 움직이고 있다. 고된 풍파를 이겨내고 얼음을 뚫고 나온 귀한 것들에 마음 한구석은 늘 아픔이 가득하다. 피워보지도 못한 채 예쁜 봉오리로 떨어져 버린 고귀하다는 인간의 생명은 너무 귀해서 새 조짐조차 못 보여주는가보다. 해마다 기다려보지만 그렇게 기다리기를 십수 년이다. 자연의 섭리를 거스를 수 없기에 불편한 진실은 지속될 수밖에 없는가 보다. 산불로 까맣게 타버린 언덕 너머도 다시 봄이 오면 새로운 모습으로 변화는 시작 될 것이다.

그러기에 외로움과 괴로움은 나의 몫이 되어가는가 보다.

**울진산불은

3월 4일 오전 11시 17분 산불이 난지 213시간 43분 만인 13일 2만923ha로 축구장 2만 9천 304개 넓이를 태우고 진화되어 역대 최장기 산불로 기록되었다.

오월의 하루

오랜만의 외출이다.

코로나 19로 인하여 기껏해야 동네 공원이나 운동장 걷기로 사회적 거리 두기에 동참하고 있다. 버스를 타본 지도 까마득하다. 오늘은 모처럼 바깥세상을 구경하러 가는 길이지만 썩 좋지만은 않다. 몇몇 사람들의 결혼식은 모두 연기되었었는데 이때쯤은 괜찮겠지 연기 안 한 것이 이렇게 오래 지속될 줄은 생각지도 못했을 것이다. 남편과 함께 의정부 예식장으로 향하고 있다.

자연은 변함없이 때를 알려주고 있다. 엄동설한 살벌했던 가지들은 간데없고 온 산을 연초록 고운 이불로 포근히 감싸고 있다. 길을 따라 이어지는 숲을 스쳐 지나며 그 속에 묻혀버리고 싶은 충동을 느껴본다. 모든 것들이 사라져버릴 것만 같은 착각에 생명체들이 부럽기까지 하다. 겨울이면 깊은 잠에 빠져 죽었을지도 모를 정도로 아무런 요동이 없다가 절기에 맞춰 기지개를 켠다. 작은 눈망울들이 손바닥만큼 자라 꽃을 피우고 숲을 이루니 자연은 아무 말 없이 신비하기만 하다.

흔적도 없던 봄눈 속에서도 새싹은 어김없이 돋아나는 걸 보면서, 한 번 떠난 사람은 왜 돌아올 수 없는가를 아쉬워한 적이 어디 한두 번이었는가. 결혼식 가는 길이 마음에 내키지만은 않지만 혼자 살아갈 수 없는 일이기에 오늘도 말없이 먼 산만을 응시하고 있다. 아들을 보내고 몇 년 동안은 결혼식조차 다니지 않았지만, 세상은 내 마음만을 허락하기엔 많은 사연이 있나 보다.

살아간다는 것은 외로움을 견디는 일/ 가끔은 하느님도 외로워서 눈물을 흘리신다/ 산 그림자도 외로워서 하루에 한 번씩 마을로 내려온다 는 정호승 시인의 싯귀를 가슴에 묻고 지내온지 오래다. 둘이면서 하나이듯 그렇게 지내는 날도 많으니까 ……

오늘도 차 안엔 두 사람이건만 하나인 듯 그렇게 침묵은 흘러만 간다.

요즘 코로나로 인하여 많은 사람들이 우울증을 호소한다. 가까운 자치센터에도 못 나가고 종교시설까지 갈 수 없으니 사람

만날 장소가 없다. 내 차가 없으면 울타리에 갇힌 사슴인 양 집에만 있어야 하니 조바심에 안달이다. 세끼 밥에 질려 마스크 쓰고 가끔 식당에 가는 재미 외엔 특별한 행복을 찾을 수 없다. 이때다 싶어 가족 여행을 멀리 떠나기도 하지만 그것 또한 마음 편한 일은 아니다.

모처럼 나간 길 어디라도 들러 보자고 생각은 했지만 비는 부슬부슬내리고 마음도 갈팡지팡. 찻바퀴는 오래된 습관처럼 지나간 길을 그대로 되짚어오고 있었다. 새로움을 찾기보다는 그게 제일 편한 일인지도 모른다. 새로운 것에 도전하고 변화하는 삶을 갈망하고 있지만 생각과 행동이 함께하지 못하고 시간을 미루다 보니 매일 뒷전 타령만 하고있는 하루하루이다.

카톡카톡 문자가 왔다. 딸한테서 어버이날 선물 도착했냐는 문자와, 택배기사의 오늘 저녁 택배가 도착 된다는 내용의 문자다. 허전한 마음을 그나마 지탱해주는 딸이 있기에, 매일 봐도 보고 싶은 네 살 손자의 영상통화에서 전해지는 사랑이 있기에 찌그러지는 얼굴을 바로 잡을 수 있지 않을까 생각된다.

오월의 텃밭은 마음만으로도 풍성하다. 상추 토마토 고추 감자 고구마 땅콩 도라지 비트까지 심을 건 다 심었으니 배도 부르다. 이른 아침 이슬 맺힌 잎사귀에 몇 마디 속삭이는 재미가 하루의 기쁨이 된다.
 불평은 숲속에 숨겨버리고 모든 것에 감사할 수 있는 오월의 하루가 되었으면 한다.

인생의 오후

　푸른 6월의 들판이 망초 꽃으로 물결을 이룬다.
　봄이 오기도 전에 제일 먼저 마중 나온 작은 잎들이 세월과 비바람에 뒹굴더니 내 키만큼이나 커져 하얀 꽃밭을 만들어 놓았다. 누구의 손길 하나 없어도, 누구의 눈길 한번 받지 못해도 아침부터 밤까지 곧은줄기로 하얀 들판을 지키고 있다.
　비바람을 이겨내서일까? 혼자가 아닌 여럿이 모여 있다.
　까만 밤에 빛나는 하얀 꽃들은 왠지 마음을 슬프게 한다. 뜨거운 햇빛과 바람결에 흔들리는 작은 꽃잎 또한 가슴을 적시게 한다. 6월이 가면 그 많은 꽃들은 어디론가 사라져 갈 것이다. 지금의 시간이 그들에겐 얼마 남지 않은 오후의 시간이 되겠지.
　나이를 세어 무엇하랴마는 생각지도 않았던 환갑이라 한다. 한 것도 없이 나이만 먹었다는 아쉬움, 후회하며 사는 게 인생이라는데 등등 많은 것들을 뒤돌아보게 된다. 그리고 이제부턴 좀 지루한 시간을 보낼 것 같은 인생의 오후가 되지 않을까 걱정이 앞서기도 한다.

얼마 전 친구들과 가까운 수목원엘 다녀왔다. 다리가 불편한 친구도 있고 몸도 예전 같지 않다며 웃고 떠들기는 하지만 마음 한 구석엔 무언가 숨겨놓은 것들이 있는 것 같다. 몸이 늙으면 마음도 같이 늙어야 하는데 몸은 육십이고 마음은 이십이니 제 구실을 못한다는 푸념도 한다. 백세 시대에 인생의 남은 시간을 지루하지 않게 잘 지내야 하는데 말이다.

오늘 아침마당에서 예순 넘어 성공한 인생에 대해 왁자지껄 하다. 결론은 아내가 밥 제대로 차려주면 (남자의 경우), 두 다리로 걸어만 다닐 수 있으면, 주머니 사정이 궁색하지 않으면, 자식들 제짝 잘 찾아가면, 전화 해주는 친구 있으면 성공한 인생 이라 한다. 고개를 끄떡이며 혼자서 끼워 맞춰본다. 아프면 밥 챙겨 줄 남편이 있고(?), 가고 싶은 곳엔 아직은 갈 수 있고, 딸도 제짝 잘 찾아가고, 가끔 전화해 만날 수 있는 친구도 있으니, 지금의 나는 그렇게 후회하며 살지는 않아도 되는 걸까? 혼자 위안을 삼아본다.

그렇다면 지금부터가 오후 시간이라 생각하고 계획을 세워야 한다. 마지막에 후회하지 않으려면 제일 어려운 숙제로 남을 수도 있다. 그동안의 생활이 정신적 힘으로 살았다면 이제부턴 육체의 소리에 귀를 기울이는 삶을 살아가야 할 것 같다.

  빨리 보다는 느림의 미학으로 현실에 순응하며 세상을 바라보는 자세는 재미없는 삶이겠지만 그래도 편안한 생활이 되지 않을까 한다. 아직까지 취미가 무엇인지 꿈이 무엇이었는지 그저 그렇게 살았다면 나를 사랑하며 살아가는 것도 좋을 것 같다.

  오랫동안 직장 다니며 몸에 배인 아파트 생활이 편하기도 하지만 퇴직을 하고나니 조금은 답답한 공간으로 다가 오기도 한다. 보통 아침에 출근, 저녁에 돌아와 편안한 밤을 지내는 것이 일상이다. 그러나 요즘은 특별한 일이 없으면 하루 종일 바깥세상을 구경하지 않는 게으른 날이 늘어간다. 방에서 거실로, 거실에서 주방으로 왔다 갔다 하는 게 전부인 것이다. 무료한 시간들이 많아지니 마음도 몸도 무거워져 뭔가 새로운 출구가 필요했다.

  이참에 남편도 지난해 퇴직하여 시골에 집을 짓기로 했다. 농촌에서 태어나고 자연과 함께하는 시간이 좋아 아무런 거부감 없이 시골 생활을 택하게 되었다. 무엇보다 아무 때고 할 일이 있다는 게 좋다. 마당에 풀을 뽑고 조그만 텃밭을 만들어 꽃과 채소를 키우며 그들과 나누는 얘깃거리 또한 즐거움으로 닥아 올 것 같다. 욕심 없이 그냥 살아가는 기쁨 또한 인생의 오후에 찾아오는 행복이 아닐까 한다.

결혼하여 그 다음해에 집을 지어살고, 이제 인생의 오후를 맞이할 즈음에 두 번 째 집을 짓기 위해 봄부터 준비, 다음 달이면 착공을 하게 된다. 설계도면으로만 몇 개월을 지었다 고쳤다 했으니 하루빨리 완공된 모습을 보고 싶은 마음 간절하다. 내가 살고 있는 공간과 풍경을 한눈에 보고 싶다.

깨끗하고 향기로운 주방, 2층의 아늑하고 보배로운 서재, 즐거움을 느낄 수 있는 거실, 편안한 침실 등 몇 개월 동안의 생각들이 그대로 스며드는 예쁜 집으로 탄생되길 바란다. 마당과 담장은 집이 완성되면 분위기에 맞는 것으로, 유실수는? 꽃은? 아직도 선택할게 많으니 이 또한 기쁨이 아닌가.

불확실한 우리네 인생에 관해 참으로 많은 이야기를 들었지만 "다른 사람에게 일어나는 일이 나에게도 일어날 수 있다"는 어느 교수님의 말이 가슴에서 맴돈다.

인생의 중간쯤에 죽을 만큼 아픔이 있었으니 앞으로의 시간들은 지금까지 일어나지 않았던 좋은 일들만 생겨날 것이라고 믿고 싶다.

나를 사랑하며……
조금은 늦었지만 인생의 오후를 새롭게 시작하려 한다.

황소의 눈물

 큰 눈망울을 끔뻑이며 슬픔을 참아내던 착한 눈물을 잊지 못한다.
 사랑채 외양간엔 늘 황소가 있었다. 그 옆의 아주 커다란 무쇠솥은 쇠죽 쑤는 곳이고 부엌엔 언제나 장작더미가 가득했다. 아버지는 새벽이면 제일 먼저 쇠죽을 쑤기 위해 불을 지피고, 볏짚과 풀을 썰어 하얀 콩을 섞고 밀기울을 넣어 정성스레 소밥을 준비한다. 내가 자라면서 외양간에 소가 없었던 적은 한 번도 없었다.
 소는 10여 년 이상 일하고 힘이 없어지면 팔아야 했고, 일을 잘할 수 있는 작은 소를 사 오게 되니 자주는 아니지만 몇 년마다 일어나는 일이다. 팔 때는 소 장수가 와서 사가지만, 살 때는 일 잘하는 좋은 소를 골라야 하니 직접 광주 경안 우시장에 가서 고르고 집에까지 끌고 와야 한다. 새벽녘 어둑할 때 허리춤에 돈다발을 단단히 묶고 집을 나서면 오후 서너 시가 되어 똘똘한 소 한 마리와 함께 아버지는 만족한 웃음을 지으며 외양간에 포근한 잠자리를 마련해 준다.

중학교 때쯤의 어느 날로 기억된다. 짐승도 사람의 말을 알아 들으니 소장수가 오는 것을 알고 있었나 보다. 한 식구같이 오랜 기간을 함께 지내고 아버지의 힘든 일을 도와주었으니 떠나보내는 식구들의 마음도 서글프지만 어쩔 수 없이 보내야 한다. 덩치에 맞지 않게 떠나는 황소도 식구들의 마음을 헤아려서인지, 헤어짐의 슬픔에 그 큰 덩치에 착한 눈망울을 꿈뻑이며 그렁그렁 눈물을 보이던 정이 많았던 황소, 뒷걸음질 치며 가기 싫다고 보채던 모습에 지금도 눈시울이 젖어온다.

아버지는 늘 농사일에 묻혀 사셨다. 돌아가실 때까지 일을 손에서 놓지 못하고 고생을 하셨다. 시골 부자는 땅 부자라고 5남매를 키우면서도 갖은 고생을 해서 넓은 농토를 장만하셨다. 그 많은 일을 하려니 소가 없으면 안 되었고 일꾼들이 매일 들 끌어 엄마는 밥해 나르기에 바빴다. 십여명 이상의 점심과 두 끼 새참을 준비하여 광주리는 머리에 이고, 손에는 들통을 들고 오리가 넘는 먼 논길을 하루 세 번씩 다녔으니 작은 키는 더 작아졌나

보다.

소는 힘이 세다. 사람의 5, 6배나 되는 힘을 쓴다고 한다. 소는 동물 가운데서도 사람이 길들일 수 있는 동물로 코에다가 코뚜레를 꿰면 사람의 통제를 따른다. 사람의 말을 알아듣고 이리 가라면 이리 가고 저리 가라면 저리 간다. 코뚜레에 맨 채찍으로도 방향을 감지하여 좌우로 발걸음을 옮긴다. 논밭을 갈거나 힘을 이용할 때는 사람 몫을 서너 배는 하여 소가 없으면 농사일을 하기가 어렵다. 더구나 쌀농사를 지을 때는 없어서는 안 되는 노동력이다.

가끔 꾀를 부리고 말을 안 들을 때는 쓰다듬어주고 달래야 한다. 코뚜레가 있지만 소용없을 때도 있다. 매일 다루던 아버지도 소를 놓쳐 산으로 도망가서 애를 태운 적이 한두 번이 아니다. 특히 새로 사온 후 길들이기가 어렵다고 한다. 사람도 가르치기가 어려운데 큰 짐승 길들이기가 쉬운 일은 아닐 것이다. 동네 사람들이 산을 뒤져 찾기도 하지만 때론 집을 찾아 돌아오는 예도 있었다. 그때마다 무서워 대문을 잠그고 미닫이 틈으로 밖을 응시하던 때도 있었는데 지금은 먼 일이 되고 말았다.

봄철 모내기 전에는 쟁기로 논을 갈고 썰어놓아야 모를 낼 수 있다. 물이 가득한 논에 들어가면 진흙에 발이 빠지고 무릎까지 덮어 혼자서도 옮기기조차 힘든 지경이다. 소에 연장을 메어 앞에서 끌게 하고 뒤에서는 쟁기에 힘을 주어 깊이 갈아야 하니 소는 소대로, 사람은 사람대로 온힘을 쏟아 똑바로 가야 빈틈없이 논이 갈아진다. 꾀 많은 소는 힘이 들어 연장을 달고 도망치면 아버지는 소를 따라 한참을 뒤따르다 작은 체구에 소를 이기지 못하고 손을 놓쳐 버리는 경우를 몇 번이나 보았다.

소는 농사지을 때 노동력도 되지만 차가 없던 그 시절에는 이동수단으로도 이용되었다. 농작물을 수확해 마차에 가득 실어 이동하기도 하고 비료를 나르기도 한다. 학교에 갔다 돌아오는 길에 아버지를 만나면 마차에 올라 큰 횡재나 하듯 엉덩이는 아프지만 덜컹 덜컹 소리에 맞춰 같이 좋아하던 기억도 이젠 아련한 추억으로 남는다.

아버지가 들려주신 소에 대한 일화다. 몇 집 살림에 농사일도 많아 일에서 벗어나는 날이 없었다. 농번기에는 농사일에 항상 바빴고 농한기에는 나무를 해서 광나루를 지나 지금의 송파지역까지 가서 팔았는데 마차를 이용해서 나무를 운반했다. 남한산성 북문 밖, 산 아래 첫 집에서 서울까지 밤낮도 없이 길을 걸었다는 것은 지금은 생각조차 못 할 일이 되어버렸다.

소에 연장을 메우고 마차와 연결하니 당연히 소가 끌어야 했고 하룻밤을 지나야 다녀왔다고 한다. 나무를 싣고 무겁게 갈 때는 소와 함께 걸어가지만 올 때는 빈 마차에 혼자 앉아 덜컹덜컹, 지치고 피곤한 몸에 잠들 때가 한두 번이 아니었다. 한참을 가다서 있는 것 같아 눈을 뜨면 개울 앞에서 길을 못 건너 끙끙 서있고, 정신없이 졸다보면 어느새 집 앞에 도착해 울음으로 알려주었다는 지혜롭고 고마운 친구도 있었다고. 옛날을 회상하며 들려주던 무뚝뚝 하지만 자상한 아버지가 비 내리는 오늘은 더욱 보고 싶고 그리워진다. 소는 사람에 대한 정도 깊지만 이치에 순응하고 참을성 있는 부지런한 동물인 것 같다.

십여 년 전의 영화 워낭소리가 생각난다. 팔순 할아버지와 마흔 살 소와의 정감 있고 고향의 온기를 전해주는 이야기. 소의 수명은 보통 15년인데 믿기지 않게 마흔 살을 노인과 함께 지내면서 없어서는 안 될 친구가 된다. 그러기에 귀는 잘 안 들리지만 워낭소리는 귀신같이 듣고, 먹일 풀을 뜯기 위해 불편한 몸에도 산을 오르는 할아버지의 모습에서, 소를 자식같이 아끼던 아버지의 모습을 엿보게 된다.

평생 땅을 지키며 땅을 귀하게 여기시던 아버지. 정성을 다하지 않은 농작물은 먹지도 말라고 하시던 말씀을 되새기며 손바닥만 한 텃밭이지만 정성을 다해 가꾸고 있다. 누구보다 땅을 귀히 여긴 아버지의 딸이기에. 지금은 흔적조차 찾을 수 없지만 큰 눈망울을 끔뻑이며 되새김질하던 황소의 모습이 아버지 얼굴과 함께 그리워진다.

흔적

 "호랑이는 죽어서 가죽을 남기고, 사람은 죽어서 이름을 남긴다"는 속담을 지키려 하듯 사람들은 살다 간 흔적을 어떻게든 남기려 한다. 그 흔적은 명예롭고 좋은 것도 있지만 혐오스럽기 까지 한 흔적도 남기는 사람이 있다.

 시한부 인생을 살아가는 어느 정신과 의사는 사람이 남길 수 있는 가장 훌륭한 흔적은 사랑이라고 한다. 비록 아플지언정 사랑은 삶을 더욱 가치 있게 만들어 준다고 ……. 하루 중 아프지 않은 몇 시간을 활용해 사랑하는 가족을 위해 맛있는 음식을 만들 수 있다는 것이 오늘을 재미있게 살아가는 이유라 한다.

 15년간을 병마와 싸우며 5권의 책을 출간하고 지금도 손이 떨리고 정신이 혼미해져 글을 쓰는 것 조차 어렵지만 하루 한 시간이라도 정신이 날 때가 있기에 자식들에게 하고 싶은 얘기를 써서 남기고, 자신과 같이 어려움을 당하고 있는 이들에게도 용기를 주고 싶어 자신의 아픔을 그대로 옮겨 놓는다고 한다.

자신의 아프고 어려운 시간들을 글로, 책으로 만들어 그 흔적을 남긴다. 그러면서 치유를 받기도 한다. 설령 그런 것들을 욕심이라고 생각 할 수도 있겠지만 누군가를 위하는 마음과 자기를 사랑하는 것이 훨씬 클 것 같다. 또 삶의 흔적으로 많은 사람들에게 기억되고 싶은 마음에서 인지도 모른다. 나또한 그렇지 않을까도 생각해 본다.

영국의 극작가 조지 버나드쇼 묘비에는 "우물쭈물하다 내 이럴 줄 알았지." 또 프랑스 소설가 모파상 묘비에는 "모든 걸 갖고자 했지만 결국 아무것도 갖지 못했다"라고 쓰여 있다. 세계적인 작가임에도 자신은 부족한 삶을 살았다고 후회를 했던 것일까?

우리의 시인 조병화 묘비에는 "나는 어머님 심부름으로 이 세상에 나왔다가 이제 어머님 심부름 다 마치고 어머님께 돌아왔습니다"라고 쓰여 있다. 어머니를 무척이나 사랑했고 하고 싶은 일들을 모두 이루고 떠났다는 생각이 든다.

얼마 전 개그우먼 김미화의 "행복 만들기"란 강의를 들은 적이 있다. 몇 달 전 까지만 해도 라디오에서 그의 목소리를 들었는데 무슨 연유에서인지 요즈음은 들을 수가 없다. 용인에다 집을 짓고 행복을 만들어 가며 지내고 있다고 하니 다행이다.

보통 사람들은 좋아하는 일에 최선을 다하고 그 일을 하다가 죽는 것이 꿈이라고도 한다. 가수는 노래하다, 연기자는 연기하다, 개그맨은 남을 웃기다 죽는 다는 것일까? 일자눈썹 순악질 여사로 인기를 독차지했던 그의 묘비명은 "웃기고 자빠졌네"로 정했다고 한다. 개그맨이었음을 영원한 흔적으로 남기고 싶은 마음에서인가 보다.

우리는 보통 지위나 책임을 나타내기 위해 흔히 명함을 만들어 자신을 대신 소개한다. 평범하게 주고받는 명함 앞면에는 회사명, 직위, 연락처 등이 담겨 있어, 어떻게 보면 그저 한 장의 종이가 아니라 그 사람의 얼굴이며 인격, 더 나아가 책임을 지겠다는 도구가 되기도 한다.

그래서인지 명함의 앞면을 중요시하고, 화려하게 차지하고 있는 직함과 책임이 진정한 '나'를 나타내는지 의문을 가져보는 것도 좋을 것 같다. 앞면의 화려함보다는 명함의 뒷면을 어떻게 채울 수 있는가를 고민해야 한다는 글을 읽은 적이 있다. 일반적인 타이틀을 떼어내고 무엇을 생존의 무기로 삼을 수 있을 것인지를 질문하며 진정한 자신과 만나는 곳이 명함의 뒷면이라 한다.

자신의 노력과 용기 없이는 도저히 채워지지 않을 중요한 공간이다. 그 공간을 통해 그 사람의 능력과 흔적을 엿볼 수 있을 것이다. 하지만 뒷면의 이력보다는 앞면만을, 과거보다는 현재만을 중요시하는 것을 가끔 느끼게 한다.

이다음 명함을 만들면 뒷면을 무엇으로 채워야하나 하며 쉽게 접할 수 있는 자격증에 도전 5~6개를 취득한 적이 있다. 별로 쓸데는 없지만 그래도 조금은 노력한 흔적이라 나름 뿌듯한 마음이지만 그것을 명함의 뒷면에 적어본 적은 없다. 하지만 그 흔적이 앞으로의 생활에 조금이라도 도움이 되었으면 하는 바람은 가져본다.

우리가 살아가면서 죽음과 세금, 그리고 외로움은 피할 수 없는 것이라 한다. 또 살아가면서 확실한 것은 사람은 죽는다는 것, 불확실한 것은 언제 죽을지 모른다는 것, 결코 사람은 언젠가는 누구나 죽는다는 것이다.

그러면 호랑이가 죽어서 가죽을 남기듯, 사람으로 태어나 하나의 흔적이라도 남기고 싶다면 묘비명이라도 생각해 두고 그에 맞게 살아야하지 않을까? 가장 훌륭한 흔적이 사랑이라 했으니 가족은 물론 모든 것들을 사랑하며 살아가는 것 또한 좋을 것 같다.

그리움은 내곁에

　문학의 원천은 외로움과 그리움이라는 수원의 유명 아동작가 님, "나이를 먹을수록 점점 혼자가 돼가는 외로운 인생의 나그네 길에서 가지고 놀 수 있는 혼자만의 노리갯감으로 글쓰기만 한 게 없다"고 한다.
　지난번 글쓰기 강의 중에 수필을 쓰려면 불혹의 나이가 지난 후에야 시작해야 한다는 말의 뜻을 생각하게 한다. 좋은 글을 쓰려면 그만한 경륜과 세월이 필요하고 외로움과 그리움, 아픔과 슬픔도 겪어보아야 한다는 말인가 보다. 어느 문학지의 '나는 왜 문학을 하는가'를 보았다. 지난날의 가난과 아픈 기억들이 좋은 글을 만들어 주고, 행복을 가져다주고, 새로운 날을 살게 해준다는 것이다.
　내가 처음 글을 쓰게 된 것도 외로움과 그리움, 그리고 아픈 마음을 어떻게든 달래보려 써 내려간 것이다. 시간 날 때마다 책은 가까이 했지만 문학이란 용어도 생소한 단어였다. 갑지기 떠난 아들을 그냥 잊어버리기엔 너무 아까웠고 마음의 상처를 누가 치유해 준다는 건 불가능한 일이었다. 타인은 나를 위해 사는 것이 아니다. '나를 바꿀 수 있는 사람은 자신밖에 없다'는 것을 알기에 책을 통해 위로를 받기도 하면서 가슴에 쌓여있는 아픔들을 한 줄 한 줄 이어놓았다.

미안하고 보고싶은 마음, 외롭고 그리운 마음들을 한자 한자 써 내려가며 아들과 소통하고 있음을 느끼게 되었다. 어미의 마음을 다 알아주는 것 같아 더 미안하고 슬퍼해야만 했다. 하지만 할 얘기는 쌓이고 쌓여만 갔다.

그렇게 십 년이란 시간이 흐르면서 한편씩 모아놓은 글들이 한권의 책으로 만들어졌다. 아니 십년 동안 애태웠던 어미 마음을 아들에게 보여주고 싶었다. 혹시 틀린 글자라도 있으면 안 될 것 같아 몇 번이고 다시 보고 또 보고를 반복해『정현아 고마위!』란 제목으로 한 권의 책이 탄생했다. 하늘나라로 보내는 뜻을 담아 책의 앞뒷면은 하늘을 바탕으로 했다.

출판된 책을 안고 맨 처음 아들에게 달려갔다. 겨울의 파란 하늘은 유난히 맑고 햇살마저 따뜻하게 느껴졌다. 대전 현충원에서 정현이가 따뜻하게 반겨주었다. 묘비 앞에 설치한 작은 유리 상자에 넣어놓고 하나하나 오랫동안 읽어주기를 바랬다.

책 한 권으로 어미의 심정을 이해하지는 못하겠지만 그래도 조금은 알아주었을 것 같은 마음에 조금은 가벼워지는 마음을 느끼기도 한다. 시간이 약이라고 그 만큼의 시간이 지난 탓인지도 모르겠다. 누가 묻기라도 하면 우리 아들은 하늘나라로 유학 갔다고 하는 자신을 어쩌겠는가.

오래 전부터 10주기에는 무언가 기념될 만한 일을 해보자고 남편은 되뇌었다. 고심 끝에 책을 만들어 출판기념회를 하자고 한 것이다. 다른 사람들에게 피해를 주는 것 같아 망설임도 있었지만 그동안 아무것도 해준 게 없는 아들을 생각해서였다.

부모의 마음과 뜻이 통해서일까 정현이가 떠난 1월 18일이 일요일이었다. 다니던 경기대 회의실을 빌려 10주기 추모와 출판기념회를 가졌다.

부대에서 함께 지냈던 친구를 어렵게 수소문해 연락하고, 대학 친구들도 초대해 정현이를 기억해 주고 싶었다. 예상보다 훨씬 많은 분들이 격려와 위로를 보내주셨다. 무엇보다 함께했던 부대동료, 대학친구, 장학금을 받았던 학생들이 참석해주어 고맙고 생각해 준다는 것에 감사를 보내고 싶다. 멀리 있지만 외롭지 않게 영원히 기억해 주기를 바랄 뿐이다.

  그동안 20명에게 지급했던 장학기금도 올해로 바닥이나 내년부터는 장학회를 만들 생각을 하고 있었다. 그런 상황을 알아주기라도 하듯 격려해주신 분들이 있어 작지만 장학기금으로 축적하여, 우리가 살아있는 한 "정현장학회"를 이어가고자 하는 게 자식을 먼저 보낸 부모로서의 할 일인 것 같다.

  나이를 먹으면서 할 일은 줄어들고 글 소재는 늘어만 갈 것이다. 외로움은 더해가고 지난날들이 그리움으로 찾아올 것이다. 그래서 글은 언제라도 마음만 있으면 쓸 수 있을 것이라 생각한다. 쓰나 남은 시간은 놀이삼아 글쓰기를 하여 남은 생에 다시 한권의 책을 만들어내고 싶다. 나이 들어도 꿈을 가지라 했듯이 그것이 허황된 꿈이 아니기를 기대해 본다.

고향을 지켜줄 고목

집 앞에는 시냇물이 졸졸 흐르고 개울 건너편에 밭이 있고 뒤에는 밤나무, 호두나무, 산수유나무가 즐비하게 서 있고 이를 포근하게 감싸주는 뒷산이 있는 곳 그곳이 내가 태어나 자란 곳이다. 이 백여 년은 족히 되는 집과 마당에는 집보다도 더 큰 느티나무가 마을을 지켜주는 수호신으로 아무 말 없이 지켜주고 있다.

여름이면 느티나무 밑에는 항상 멍석이 깔려있었다. 개울의 작은 돌멩이들을 모아 물을 막아놓으면 작은 몸을 잠겨 줄 만큼의 물이 고여 든다. 아버지가 참외 가마니를 풀어 놓으면 참외를 목욕시키고 다음은 우리들의 미역 감을 차례다. 배꼽참외 몇 개면 배 채우며 한여름의 더위도 모르고 나무 그늘 밑의 개울 물이 그저 좋았던 기억은 이제 회색빛으로 바래 버렸다. 멍석에는 책 공책들도 즐비하게 널려있다. 공책에는 숙제하다 먹은 과일물 흔적들이 글씨를 흐려놓는다. 참외 수박 물 자국이 그림으로 포개져 있다.

그곳에는 할아버지가 사셨고 아버지가 사셨고 대를 이어 오빠가 76년을 이어오고 있으며 나도 27년을 지내왔다. 떠나 온 지 40년이 지났지만 언제나 정겹고 변함없이 그리운 하늘 밑 첫 마을이다. 남한산성 북문 밖, 산 아래 첫 집이다. 나무 위에는 까치집이 몇 개가 있어 아침이면 항상 좋은 소식을 가져다주기도 했다. 개울물을 길어다 먹고 개울물에 세수하고 한 여름밤이면 엄마와 목욕도 즐기던 그런 곳이다.

그렇게 조용하고 평화롭기만 하던 농촌에 창고가 하나둘 들어서더니 이젠 주택보다 창고 수가 더 많아졌다. 옛날의 모습이라곤 없어진 마을에 2018년 12월 19일 정부 방침에 의거 3기 신도시 개발 지역으로 발표되었다. 설마 산밑 첫 집인 우리 집은 빠지겠지 생각했지만, 집이란 집은 모두 포함 해버렸다.

부모를 잃고 고아가 된 허전함만큼 고향을 잃는다는 상실감 또한 가슴을 헤집어 놓아 흔적도 없이 사라져 다시는 옛 모습을 볼 수 없다는 생각을 하니 가슴이 먹먹해진다.

하지만 우리 마당의 버팀목이고 나의 사랑을 머금고 있는 느티나무는 시 보호 수목으로 지정되었으니 그대로 남아 있지 않을까 하는 믿음을 갖고 있다. 먼 훗날 아파트 숲속이 되더라도 고목으로 변한 느티나무만은 그대로 남아 있어 옛날이 그리워질 때 느티나무 밑에 돗자리 하나 들고 찾아가면 반갑게 맞아줄 수 있기를 기대하기 때문이다.

오리가 되는 초등학교를, 십 리가 넘는 중·고등학교를 모두 걸어서 다녔다. 그 길에는 작은 발자국부터 큰 발자국이 남겨져 있고 길가 작은 잎새에도 손 자욱이 남아 있지만, 어느 날 갑자기 모든 흔적이 없어질 것이라는 사실은 불 보듯 뻔하다. 첫 직장생활을 시작한 곳이기도 하며 시집살이 힘들어도 친정집 앞 개울에서 모두 씻어버렸던 추억이 깃들어 있는 곳이기도 하다.

가방 메고 다녔던 12년 세월의 흔적들이 많이 변해 찾아보기 어렵지만 아직은 조금씩 남아 있어 그나마 고향이라는 그리움으로 가끔은 버스를 타고 그 길을 걸어 보기도 했다. 지금은 어디에 사는지 알 수 없는 코흘리개 친구들의 모습도 눈가의 미소를 머금게 한다.

장마가 시작되어 창밖에 들리는 빗방울 소리와 함께 고향의 그리움도 커져만 간다. 이맘때쯤이면 저녁밥 해놓고 느티나무 아래에서 건너 밭에 간 엄마를 기다리듯 지금은 세상에 없지만 멀리서 엄마가 왔으면 기다리는 마음은 여전하다.

북녘에 고향을 둔 실향민들이 마음을 달래며 부르는 〈꿈에 본 내 고향〉 노래 가사가 문득 떠오른다.

고향이 그리워도 못 가는 신세/ 저 하늘 저산 아래 아득한 천리/ 언제나 외로워라 타향에서 우는 몸/ 꿈에 본 내 고향이 마냥 그리워(중략)

고향 뒷동산에 왜놈 주택이 들어섰고, 조상 모시던 사당 자리에는 왜놈 귀신 모시는 신사가 들어선 기막힌 꼴을 보고 심훈이 1932년에 쓴 글 「고향은 그리워도」이다.

나는 내 고향을 가지를 않소/ 쫓겨난 지가 10년이나 되건만/ 한번도 발을 들여 놓지 않았소/ 멀기나 한가, 고개 하나 넘어연만/ 오라는 사람도 없거니와 무얼 보러 가겠소?/ 개나리 울타리에 꽃 피던 뒷동산은 허리가 잘려/ 문화주택이 서고, 사당 헐린 자리엔/ 신사가 들어앉았다니/ 전하는 말만 들어도 기가 막히는데/ 내 발로 걸어가서 눈꼴이 틀려 어찌 보겠소?/ 나는 영영 가지를 않으려오/ 五代나 내려오며 살던 내 고장이언만/ 비렁뱅이처럼 찾아가지는 않으려오/ 후원(後苑)의 은행나무나 부둥켜안고/ 눈물을 지으려고 기어든단 말이요?/ (중략) /이대로 죽으면 죽었지 가지 않겠소/ 빈손 들고 터벌터벌 그 고개는 넘지 않겠소/ 그 산과 그 들이 내닫듯이 반기고/ 우리집 디딤돌에 내 신을 다시 벗기 전엔/ 목을 매어 끌어내도 내 고향엔 가지 않겠소.

　노래 가사와 시 구절을 보면 비슷하면서도 상반된 내용이 담겨있다.

　두고 온 고향 그대로의 모습은 마냥 그리워할 수 있지만 변화된 고향은 원망과 서러움이 담겨있다. 내 마음도 그렇다. 자연 그대로의 정이 깃든 고향 그대로의 모습으로 남아 있기를 간절히 바라지만, 몇 년 내에 신도시가 들어서서 마을 전체를 헤집어 놓아있을 모습은 상상하고 싶지 않은 풍경이다.

　북에 고향을 둔 실향민이 지금은 많이 변해있을 어린 시절 고향 풍경을 꿈속에서라도 그리워하듯 나도 그때의 고향을 그리워할 것이다. 빌딩과 아파트가 즐비하게 들어선 신도시에 내 발로 가고 싶지는 않을 듯하다. 과거를 회상하면서 나의 숨결을 느낄 수 있는 고향을 지켜줄 고목 느티나무를 찾아보러 간다면 모르지만…….

04 / 행복 찾아가기

한해살이 풀

한 달에 한 번 날아오는 나라사랑.

문패 옆에는 '국가유공자의 집'이란 명패가 붙어있다.

나라사랑 못할까 봐? 아니 안 할 것 같아서인지 국가보훈부에서는 '나라사랑'이란 타이틀의 소식지를 매월 발송해 준다. 큰 도움은 안 되지만 아들이 보내주는 정성이라 생각하고 한 장 한 장 눈에 익히고 덮어 놓는다.

아들을 가슴에 묻은 지 20여 년이 되어간다. 시간이 약이라 했던가, 아니 시간보다 용서가 약이라 했던 것 같다. 군에 입대하여 5개월을 넘기지 못하고 진눈깨비가 흩날리던 1월의 어느 날, 그리 심하지 않은 교통사고라 했는데 도착해 보니 말을 이을 수가 없었다. 그렇게 혼자 외롭게 세상을 떠나야했던 아들은 하늘의 별이 되어 늘 지켜주고 있다.

우리 마당에는 이른 봄 제일 먼저 찾아오는 손님이 있다. 아무 흔적도 없는 곳에서 하얀 눈을 헤치고 나와 설중화라고도 불리는 키 작은 수선화다. 이른 봄 제일 먼저 꽃을 피우고 5월이면 파란 잎들은 시들해져 자취를 감춰버린다. 기껏해야 3개월 정도 자기 존재를 보여주고는 사그라져 아무렇지 않게 엄동설한을 이겨내고 얼음 사이로 예쁘고 탐스럽게 자신의 몸을 드러낸다. 그러기에 더 애잔하고 아름답게 빛나 수 많은 사람들의 첫사랑으로 슬프거나 외롭지는 않을 것이다.

23살의 꽃송이로 채 피어보지도 못하고 떠나버린 아들. 어느 봄날 수선화가 남몰래 새싹을 보이듯 화들짝 돌아오기를 바라는 마음이 가슴에 쌓여있기를 십수 년이다. 꽃망울이 터지기를 기다리며 멀어져가는 희미한 얼굴을 파란 하늘에서 또 어느 길목에서 찾아본다, 지금의 변해버린 모습을 알아보지 못하는 건 아닐까 하는 조바심으로 혹시 내년이면 찾아올지도 모른다는 허황된 생각은 지금도 변함이 없다.

흔적도 없이 사라졌던 수선화에서, 죽은 듯 앙상한 나뭇가지에서도 어김없이 새싹은 돋아나지만 만물의 영장이란 인간은 어쩔 수 없이 한해살이 풀에 불과한가 보다. 아들이 떠나는 날 영하 20도의 차갑게 얼어붙은 마음과 일그러진 얼굴은 이 세상을 다하는 날에야 펴지지 않을까. 애써 웃어 보이지만 어색한 건 마찬가지이다.

그때의 슬픔, 분노, 좌절은 지금도 떠나지 못하고 몸에 새겨진 채 가끔씩 되살아 난다. 아무리 군대라지만 혹여 운전했던 병사는 제대하여 한번은 찾아와주지 않을까? 중대장은 조치도 제대로 하지 못하고 왜 괜찮다고만 했을까, 빨리 상처를 치료했으면 과다출혈이란 사인은 없었을 텐데……. 당장이라도 뛰어가 그때의 상황을 묻고 따지고 싶었지만 내 아들은 다시 살아올 수 없기에 모든 걸 포기했던 그날의 일들은 여러 생각으로 지금도 잠을 설치곤 한다. 군에서 보초를 서고 나라를 위해 하나뿐인 생명을 바쳤는데도 조용히 떠난 자는 아무 말을 못하기에 나라를 원망할 때가 많다. 가끔 매스컴을 통해 공적이 아닌 사적인 사고를 확대하여 많은 사람들이 왈가왈부하는 행태를 보면 차마 눈을 감아 버릴 수밖에 없다.

내가 살아가기 위해 잊은 척, 시간이 오래 지났으니 가슴에 없는 척, 아픔이라곤 전혀 없는 사람으로 살아가기도 한다. 하지만 시간이 흐를수록 나이가 들어 갈수록 사무치는 게 자식임에는 틀림없는 사실이다. 이런 마음으로 타인을 사랑하고 나라를 사랑한다는 건 어렵지만, 지난 아픔을 꺼내보는 것보다는 사랑을 나누는 편이 나의 마음도 따뜻해진다는 것을 알기에 과거에 매달리지 않고 현재를 살아가려 한다. 지역 생활에 적응하려 나름 애쓰며 나를 사랑하는 게 나라사랑이라는 생각도 해본다. 마음을 바꿔 올해부터는 봉사활동에도 참여하여 숨어있기보다는 조금은 어색하지만 나타내는 삶을 살아보기도 한다.

아들의 다하지 못한 삶을 위해서, 외로움을 티 내지 않고 먼 나라에서 열심히 살아가는 딸을 위해 밝은 마음을 가지려 애쓴다. 게으르지 않게 나의 생활을 추구하는 것이 나를 사랑하는 마음이 아닐까 한다. 오늘도 맑은 가을 하늘에서 여러 가지 그리움을 그려본다.

행복 찾아가기

12월 1일이다.

한 장 남아있는 달력에 서른한 개의 숫자를 보며 많은 생각을 하게 된다. 한 해를 풍성하게 잘 살았으니 남은 한 달쯤이야 그냥 지내면 되겠지~ 보다는 남은 한 달을 어떻게 보낼까 궁리는 하지만 막상 떠오르는 건 없으니 막막하기만 하다.

며칠 전 여권 갱신일이 얼마 남지 않아 사진관을 찾았다. 자그마한 마트 한편에 공간을 만들어 사진관을 함께 운영하고 있었다. 유리창엔 '임대문의'란 제일 큰 글씨 밑으로 마트와 사진관 간판이 보였다. 슈퍼엔 물건들이 군데군데 비어있어 썰렁한 분위기에 금방이라도 문을 닫을 지경이었다. 사진도 증명사진과 여권사진만 찍을 정도의 의자 하나가 놓인 협소한 공간이었다. 10분 정도면 찾아갈 수 있다기에 기다리기로 했다.

사진관도 안되고 마트도 어려워 9년 동안 했던 가게를 접으려 한다면서 3,240일을 했으니 이젠 그만두려 한다고 한다. 그 많은 날들을 기억하며 77,760시간을 보낸 것이다. 나이도 많지 않아 보이는 사람이 그곳에서 청춘을 보냈을지도 모르는데 이젠 권리금도 찾지 못하고 가게를 비워줘야 한다는 씁쓸한 하소연이다. 비어있는 공간 한편에서 정성들여 뽑아준 사진을 보며 다른 일을 하더라도 더 발전되기를 바라는 마음이 생기는 건 왜일까.

생각은 행동을 바뀌게 한다고 한다. 긍정적인 생각은 생활을 바꿔주고 삶을 풍성하게 하는 것이다. 어느 신부님께서 말씀하신 "행복은 감사의 문으로 들어오고 불평의 문으로 나간다"는 말씀이 내 안에 머무른지 오래지만, 나뭇잎이 바람에 날리듯 쉽게떠나지 못한다. 고통으로 지나온 세월 속에 불평을 밥 먹듯 했으니 행복은 아주 멀리 달아나 버린 것은 아닐까? 이제라도 생각을 바꿔 기왕 사는 인생 멋지게 살아보자 하지만 그것도 그리 쉬운 일은 아니다.

불평은 자신을 약하게 하고 용기도 잡아먹어 적응하기에 힘들다. 혼자만의 불만이고 아픔이지 알아주는 사람은 아무도 없이 타락하는 삶을 살아갈 뿐이다. 사회적 동물이기에 인간관계를 맺고 종교를 갖고 그 틈에서 익히고 깨닫는 것이 우리가 살아가는 이유가 아닌가 한다. 복잡한 틀에서 살아남기 위해 망각하고 부대끼며 살아가는 도중에 타인도 생각해 줄 수 있고 조그만 행복도 맛볼 수 있는 것 같다.

어느 소녀의 행복 이야기를 들어보자.

소녀가 숲속 산길을 거닐고 있는데 거미줄에 걸린 나비를 보고 가여운 마음에 흰나비를 구해주었다. 한참을 가고 있는데 구해준 나비는 천사가 되어 소녀에게 고맙다며 소원을 말해주면 들어주겠다고 한다. 소녀와 천사는 귓속말로 속삭였다. 그날이 있은 후 소녀는 늘 행복하게 지냈다. 나이가 들어 할머니가 되어서도 늘 기쁘게 살아가는 모습이 사람들은 늘 궁금했다. 죽음의 문턱에선 할머니에게 물었다. 어떻게 하면 우리도 행복한 삶을 살 수 있을까요? 그러자 할머니는 어릴 적 천사가 들려준 얘기를 말해주었다.

우리는 많은 유형의 사람들을 접하며 살아가고 있다. 늘 환한 미소로 이웃을 챙기고 조그만 일에도 감사하며 행복해하는 사람은 옆에 있는 것만으로도 마음이 편안해진다. 반대로 모든 일에 불평만 털어놓은 사람도 있다. 맛있는 점심을 먹으며 저녁은 뭐 먹지~ 걱정하는 사람, 10월인데 벌써 일 년이 다 갔다고 푸념하고, 20일이면 또 한 달이 다 지났다고 하소연하는 사람은 왠지 옆 사람까지 불편하고 힘 빠지게 만든다. 요즘은 좋은 사람만 만나도 시간이 모자란다고 하니 외톨이는 되지 말아야겠다.

할머니는 어릴 때 천사가 해 준 이야기, "늘 감사하며 지내라"는 말을 기억하며 평생을 살아왔노라고 했다. 행복은 감사의 문으로 들어온다는 것을 알았기에……

슈퍼에 남은 과자 몇 봉지를 마지막까지 없어지기를 기다리며 급한 사람들에게 사진을 찍어주고 몇 년을 며칠로 환산하며 오랫동안 잘 지냈다는 슈퍼 주인. 권리금은 못 받을지언정 문 닫지 않고 기다려주는 사람 또한 행복한 삶을 살아가는 것 같다. 더 좋은 앞날이 이어지기를 소망해 본다.

바람이 차가워 고개를 낮추는 계절, 많은 사람들이 행복이 뭔지 가까운 곳에서 찾을 수 있는 날들이 많았으면 좋겠다.

관계 속에 살아간다는 것

나무는 혼자 서 있어도 나무고, 돌은 혼자 있어도 돌이다.
하지만 인간은 혼자서는 인간이 될 수 없다고 한다. 인간은 사회적 동물이기 때문일 것이다.
"행복의 90%는 인간관계에 달려있다"고 키르케고르는 말하고 있다.
그러기에 사람들과의 관계를 통해 행복해지기를 원하는 것 같다. 혼자서 행복감을 맛보기란 그리 쉬운 일은 아니기에 가족, 학연, 지연 등 많은 사람들과의 관계 속에서 인생의 의미를 느끼며 살아가고 있나 보다.
사람들과 관계하기 쉬운 곳으로는 각종 동아리나 모임도 있지만 동네 자치센터가 우선인 것 같다. 각종 프로그램이 많아 골라가며 배울 수 있고, 같은 성향의 친구를 만나 대화가 통하니 관계는 급속도로 무르익고 가까운 곳에 있으니 마음도 가까워진다.

요즘은 혼밥, 혼술, 혼집 등으로 혼자 생활하는 사람들이 많아지고 있다. 복잡한 인간관계를 포기하고 10%의 다른 행복감을 맛보고 싶어서일까? 나도 때론 혼자 영화를 보기도하고 여행을 보기도하고 누구와의 관계를 떠나 때론 혼자 있기를 고집하기도 한다.

그토록 중요한 인간관계를 위해, 관계 능력을 키우기 위해서는 상대방에게 관심을 가져주고, 먼저 다가가고, 공감하고, 칭찬하고, 웃으면 상대방의 마음을 얻을 수 있다는 관계이론을 누군가가 설명하고 있다. 좋은 인간관계를 위해서는 상대방을 위해 많은 노력이 필요하다는 것이다. 인간관계가 성공을 좌우한다고 하는 것도 이런 이유에서일 것 같다.

살아가면서 제일 먼저 이루어지는 관계는 가족관계이다. 부모와 자식관계, 부부관계, 형제 관계, 시부모와의 관계 등 제일 가깝지만 아무 노력 없이 화목하게 살아가기란 그리 쉬운 일이 아니다. 가족은 천륜이니 관계에 상관없이 지내다 무너지는 가정도 가끔씩 볼 수 있다. 옛날에야 무조건 참고 살아가는 게 당연하였지만 지금의 시대는 많이 변해가고 있다.

전해 내려오는 이야기 하나를 소개해 본다.

어느 농촌에 사는 부부는 노망난 늙은 어머니와 한 살배기 아들 하나와 살고 있었다. 여느 때처럼 이날 아침도 아침 일찍 밭에 나와 일을 했다. 점심때가 되자 아내는 시어머님의 점심을 해 드리고 아이에게 젖을 먹이러 집에 갔다. 집에 가보니 시어머니가 "애야, 내가 오는 점심으로 맛있는 닭죽을 끓여놓았다"고 말했다. 감사한 마음으로 부엌에 가서 솥뚜껑을 열어본 며느리는 그만 땅에 주저앉고 말았다. 하늘이 노랗고 다리가 후들거렸지만 며느리는 얼른 마음을 추스른 다음 아이를 뒷산에 묻었다. 그리고는 얼른 닭을 잡아 닭죽을 끓여 시어머니에게 드리고 남편에게 달려갔다고 한다.

이 이야기는 조선시대의 어사 박문수가 경남 현풍이라는 지역에 12개나 있는 효부비를 의심해서 진실을 가려내려 했던 생각이 잘못이었다는 것을 깨닫고 효부비를 하나 더 세우고 돌아왔다는 것이다.

옛날에는 이 이야기가 효심이 가득한 감동적인 이야기로 이어졌겠지만 이 얼마나 무시무시한 이야기인가. 아이가 무참히 살해되었는데 왜 며느리는 분노하지 않고 참아야만 했을까? 무엇이 감정을 얼어붙게 했는가?

가족이라는 관계를 이어가기 위해 자식까지 포기해야 했던 며느리는 효심만 있고 자식에 대한 사랑이 없는 것은 아니다. 어쩔 수 없는 아픔을 견디어내며 자식을 죽인 부모를 모셔야 하는 고통을 어찌 말로 할 수 있으랴. 가족이라는 관계를 원망하며 평생을 보내야 했을 것이다. 가슴이 무너지는 아픔이다.

살아가면서 관계가 좋은 일들만 있기를 바라지만 아무런 이유 없이 미움을 당하는 일도 있다. 문득 "누구와도 친구가 되려는 사람은 누구의 친구도 될 수 없다"는 말의 의미를 생각해 본다. 누군가를 만나면 그의 특징, 습관, 취미 등을 알아내어 관심을 가져야 한다. 다가가 먼저 말을 건네고 그의 얘기에 공감하며 칭찬해주고 상대방의 마음을 얻을 수 있도록 관계에 노력이 필요한데 소극적인 성격에 그러지 못한 경우가 많다.

어제는 두 달 전에 이사 온 분을 만나 지역에 대해 설명해주고 함께 점심을 먹고 노래교실까지 다녀왔으니 사람과의 관계 속에 노력한 것은 아닐까? 주변에는 그렇게 잘 보듬어주고 따듯하게 챙겨주는 분들이 있어 많은 도움을 받고 있다. 이제 인간관계에 좀 더 노력하는 생활로 인간으로서 성공할 수 있는 삶을 살아야겠다.

무더위 속의 밤바람이 조금은 시원하게 느껴진다.

다른 생각

"말을 물가에 데려갈 수는 있지만 물을 마시게 할 수는 없다"
는 속담이 있다.

요즈음 자식 교육에 부모들의 열정이 대단하다. 자식의 인생을 내 인생 인양, 너를 위해서가 아니라 나를 위해서, 부탁하지 않아도 이렇게 저렇게 다 해놓고 거기에 따라오기만을 바라기도 한다. 좋은 결과를 가져올 수도 있지만 허황된 일이 벌어지기도 한다.

부부간에도 남편은 부인과 자식을 위해 밤낮을 모르고 일하고, 부인은 남편과 아이들 뒷바라지에 정신없이 지낸다. 불혹의 나이를 훌쩍 넘겨 자신을 돌아보게 되면 지금의 나는 누구인가를 섬짓 생각하게 된다. 타인을 위해 살아온 것이 아닌데 나는 사라지고 무엇을 위해 살아왔나 뒤돌아보게도 된다. 나를 위해 살아온 것이 분명한데 가족을 위해 살아왔다, 흔히들 말한다.
　내 자식이라도, 내 남편이라도 나의 기대를 만족시키기 위해 사는 것은 아니다. 가족이라는 테두리 안에서 서로를 믿고 의지하며 사랑하는 마음이 필요할 뿐이다. 내 생각에 무조건 따라와 주기를 바란다면 가족 간에도 상처를 받을 수도 있다. 한 울타리 안에 있지만 서로의 생각과 꿈이 같을 수는 없다. 나의 희망이 자식이 생각하는 꿈과 다를 수도 있듯 각자 다른 생각을 갖고 있다는 것을 인식해야 한다.
　어느 날 주인은 중요한 일을 상의하기 위해 세 사람을 초대한다. 시간 약속을 했지만 오는 사람이 다르듯 도착하는 시간도 다르다. 주인은 제일 먼저 온 손님을 옆에 두고 '꼭 와야 할 사람이 안왔네' 하며 혼잣말을 하고 있다. 기분이 썩 좋지는 않았지만 참고 기다렸다. 두 번째 사람이 도착하자 '와야 할 사람이 안오네' 하며 먼저 참석한 사람보다는 오지 않는 사람을 향해 생각을 표출한다.
　제일 먼저 와서 기다리던 사람이 '난 안와도 될 사람이었나' 섭섭한 마음으로 슬며시 자리를 뜬다. 그제야 주인은 '꼭 있어야 할 사람이 가버렸네' 하며 아쉬워한다. 주인의 말실수로 세 사람이 함께 상의하는 것이 불가능해졌다. 하지만 실수라기보다는 서로 다른 생각을 갖고 있었다고 볼 수 있다. 나의 생각이 다른 사람과 다르다는 것을 깨달아 행동했어야 한다.

요즘 집단 상담을 배우면서 알게 된 것이 있다. 부부의 생각에 틈이 생기고 가족 산의 불화로 인하여 아이들이 행동 장애를 겪는다는 것이다. 먹을 것만 챙겨주면 그만이라는 엄마, 아이의 생각은 아랑곳없이 자신의 생각으로 무조건 따라오기만을 강요하는 부모. 아이는 엄마가 키우는 것이라고 등 돌리는 아빠와의 갈등 속에서 아이는 과잉행동으로 관심을 끌려 한다고 한다.

이 또한 부모와 자식의 다른 생각에서 오는 결핍일 것이다. 생각은 다르지만 같이 하려는 행동과 노력, 서로 사랑하고 배려하는 마음으로 따뜻한 대화가 있고 서로를 보듬어준다면 그것만으로도 큰 치유가 된다는 것이다.

이 세상은 사람이 모두 다르듯 생각도 다르다. 같은 공간일지라도 다른 생각을 갖고 살아가야 서로 편안하고 발전되리라. 경찰은 범인을 잡기위해 뛰어다니고, 범인은 경찰에게 잡히지 않기 위해 뛰어다닌다. 일이 너무 많은 직장인은 '제발 하루라도 쉬어봤으면' 하지만 요즘 취업난에 취직을 못한 백수는 '제발 한 달이라도 일해 봤으면' 하면서 서로 다른 생각을 하며 살아간다.

같은 길을 걸으면서, 같은 그림을 보면서도 우리는 서로 다른 생각을 하게 된다. 각자 처한 위치에서 자기 것만의 생각을 하고 보게 된다. 관심 이외의 것은 듣거나 보기가 어렵다는 것이다. 그러기에 내가 아닌 다른 사람은 나와 생각이 다르기 때문에 이해하고 배려하는 마음을 가져야 할 것 같다.

돌밥돌밥돌밥

    봄을 알리는 꽃잎들이 여기요, 여기요 소리치고 있다. 자연은 알려주지 않아도 어김없이 절기에 맞춰 봄이 왔지만 온 세상에 봄은 오지 않은 것 같다. 그림자조차 없이 들어보지도 못하던 코로나바이러스가 입을 막고 눈을 막고 걸음을 멈추게 하였다. 벚꽃 놀이는커녕 가까운 공원조차 갈 수 없고 아이, 어른 모두가 집안에 콕 박혀 있어야 하니 유리창이라도 뚫고 날아가고 싶은 심정이리라.

    아이들은 두 돌만 되면 어린이집에 보내고, 학교 학원으로 서너 시가 되어야 집에 돌아오곤 했는데 요즈음은 남편까지 재택근무로 주부들의 자유시간이 전혀 없어 불만이 고조되고 있나 보다. 여가는 노동의 효율을 높이기도 하지만, 삶의 질을 향상시켜 소비 활동의 활성화로 이어져 경제 성장에도 도움을 준다고 하는데, 눈에 보이지도 않는 물체로 인하여 여러 가지 문제가 발생하고 있다. 이런 상황에 돌밥돌밥돌밥이라는 신조어가 생겨나기까지 했다.

하루도 쉬지 않고 확진자가 늘어가고 기약도 없는 상태다. 나도 언젠가 병에 걸릴지도 모른다는 불안감을 안고 사람 만나기를 피하며 지내고 있다. 새봄이 오면 개구리가 팔짝 뛰어오르듯 기쁨으로 개학을 맞고, 가슴 뿌듯한 여행의 맛이라도 느껴야 한 해를 제대로 보낼 수 있지 않은가. 그런데 4월이 되어도 학생들이 개학을 못하고 있으니 학생들의 마음 또한 언제 물러갈지 모르는 전염병과 같이 막혀 있을 것이다.

코로나는 우리가 당연하게 받아들였던 것들에 대해 많은 생각과 불안감을 안겨 준다. 학교는 무엇인지, 회사는 무엇인지, 집은 무엇인가 등 당연한 것들에 대해 조금은 불안하고 초조하기까지 하다. 개학 연기와 재택근무로 집은 가족의 공간으로 바뀌었다. 방학이 길면 좋아하고 재택근무하는 남편이야 좋을지 모르지만, 가득 채워진 집안에서 엄마의 역할은 힘겨워지니 밥 먹고 돌아서면 밥 먹을 때라는 돌밥돌밥 얘기가 나온 것 같다.

외국 생활을 동경하던 사위와 딸이 2월 말 독일로 떠나기에 아기 봐주기를 핑계 삼아 동행했다. 짐이 많아 반찬거리는 챙기지 말라는 딸의 얘기만 듣고 밑반찬 하나 없이 떠났다. 코로나를 피해 간다고 했지만 도착하니 그곳이 더 확산되고 있으나 마스크 쓴 사람조차 없었다. 밖에 나갈 엄두도 못 내고 네 식구는 낯선 지역 새로운 집안에 갇혀 지내야만 했다. 인근 슈퍼에서 생필품과 반찬거리를 구입하지만 물건 또한 생소하고 낯설어 한두 끼 먹으면 없어져 하루에 한 번씩은 슈퍼를 다녀와야 했다.

모든 것이 처음인 곳에서 주식조차 다른 음식으로 채워야 하니 정말 돌아서면 뭘 먹어야 하나 걱정이 되기도 하였다. 보름 동안 지내고 오면서 김치와 밑반찬 없이 떠난 것을 후회하고 반찬 한 가지, 빵으로 한 끼를 해결했던 생각에 돌밥돌밥이라는 단어가 생소하지 않게 느껴졌다. 이젠 코로나 덕분에 세 식구가 새로운 환경에서 잘 적응해 나가리라 믿고 있다.

우리는 생각의 차이로 일어나는 여러 가지 일들을 떠올릴 수 있다. 어떤 사람들은 사과를 보고 단순히 먹는 음식을 생각 하지만 누구는 기업의 로고로 생각을 한다. 또 어떤 사람은 핸드폰을 단순한 전화기로 생각을 했지만 다른 사람은 위대한 스마트폰으로 탄생시켰다. 바로 이 생각의 차이에서 발생하는 놀라운 변화가 자신을 발전시키는 계기로 생각의 차이는 틀린 것이 아니고 다른 것이라고 한다. 그 다름이 누군가를 성장시킨다고 하니 이 시기를 잘 활용하는 것도 좋은 방법이리라.

지금의 상황을 불평하지 말고, 잃는 것보다는 얻는 것들이 더 많을 거라는 생각들이 편안함을 줄 것 같다. 가족과 헤어져 있던 시간을 온종일 함께 있으므로 그동안 못했던 일들을 같이 할 수 있다는 것에 감사하며, 언제 끝날지 모르는 이 사태에 대응하는 자세가 필요하지 않을까. 취미 생활하던 문화센터도 쉬고 있으니 덕분에 집안 정리를 하는 분도 있고, 재택근무하는 자식이 본가로 출근해 아들 밥을 정성으로 차리는 사랑스런 엄마들도 있다고 한다. 가족 간의 따스한 정을 나눌 수있는 기회라면 사회적 거리 두기도 가끔씩은 필요한 것이 아닐까 돌아보게 된다.

어린 시절 엄마는 늘 일만 하는 사람이었다. 새벽 밥을 해서 다섯 자식을 학교에 보내고 농사일로 여가라는 말은 생각지도 못했던 시기였다. 농사철이면 열 명 정도의 일꾼들이 들끓었다. 아버지는 밖에 나가 일을 하지만 세끼 밥과 두 끼의 참은 키 작은 엄마의 몫이었다. 농토도 멀어 이 삼십 분 거리를 십여 명의 점심을 해서 머리에 이고 들고 다니던 모습은 고향의 들판에 그대로 남아있다. 하루종일 아니 삼백육십오일 뒤치다꺼리에 눈 돌릴 시간이 없었지만 돌아서면 밥을 해야 한다는 한마디 얘기조차 없었으니 지금의 내가 있지 않은가 생각된다.

  학교에 다니는 학생도, 재택근무하는 아빠도, 혼자였던 엄마도 보처럼의 단란한 시간이다. 꽉 채워진 집안에서 빨리 지나가는 시간을 아쉬워하며 금방 밥 먹을 때가 되어 돌밥돌밥 하면 좋을 것이다. 누구나 처음 당해보는 이 시기에 입을 막고 사회적으로 거리를 두고 있지만, 내 가정만큼은 더 가깝게 살가운 가족으로 형성 되어지기를 바란다.

상처

 "흔들리지 않고 피는 꽃이 어디 있으랴."

 한 송이 아름답게 보이는 꽃이라도 시련과 고난, 고된 역경을 이겨내야만 아름다움을 보여 줄 수 있고 향기를 줄 수 있다는 의미일 것이다. 작은 식물들이 그렇듯 나무 또한 얼마나 험한 풍파를 이겨내야 우뚝 선 숲을 만들어 낼 수 있을까. 제 몸을 이겨내기 힘들어 굽고 휘어진 채 지탱하고 비스듬히 서 있는 나무는 너무 슬퍼 보인다. 억센 비바람에 온갖 상처투성이의 시간들이지만 그 힘든 고통을 참고 이겨내고 있다. 나무뿐만 아니라 삼라만상의 모든 생명체는 흔들리는 삶이기에 편안하게 지낼 수만은 없는 게 현실이다.

 "젖지 않고 가는 삶이 어디 있으랴"라고 했듯이 살다 보면 많은 고난과 시련이 닥쳐오기도 한다. 때로는 비틀거리기도 하고 험한 길을 갈 수밖에 없는 상황이 일어나기도 하는 게 우리네 삶일 수밖에 없다. 시련과 고난을 통해 완성되는 것이 우리네 삶이라고 하지만 고통 없이 살 수만 있다면 그것이 바람직한 것임에는 틀림없다. 하지만 슬픔이 싫다고 기쁜 일만 있어야 한다는 보장도 없다. 슬픔이 있기에 사랑을 승화시킬 수 있듯이 눈물을 통해 기쁨으로 승화시키는 것이 인간의 완전한 삶의 모습이 아닐까 싶기도 하다.

물건도 오래되면 상처를 입는다. 나에게서 뿐 아니라 다른 사람에 의해서도 상처를 입게 된다. 이렇듯 살아가면서 많은 상처를 주기도 하고 받기도 하면서 살아갈 수밖에 없다. 상처를 보이기 싫어 덮고 지내는 이들도 많으니 서로의 상처를 덧나지 않게 조심하는 것도 서로의 배려가 될 것 같다. 밖으로 볼 수 있는 몸의 상처보다는 보이지 않는 마음의 상처가 더 크다는 것도 조심해야 할 것 같다. 무심코 던진 말 한마디에 가슴에 피멍이 들어 평생을 아파해야 하는 경우들도 허다하다.

모든 생명체가 그렇듯이 사람도 상처를 안고 살아가게 마련이다. 아파서 말하지 못하니 드러나지 않을 뿐 그 속마음을 들여다보면 그렇게 행복만을 안고 살아갈 수밖에 없는 험난한 세상을 우리는 살아가고 있다.

　나로 인한 또는 타인으로 인한 사고나 사건 등으로 상처를 받아야 하는 경우도 비일비재하다. 나만 잘 산다고 내가 행복해지는 것도 아니고 상처받을 일들이 도처에 숨어있다는 사실을 우리는 간과해서는 안 된다.

　흔히 제일 하기 쉬운 것(일)은 남의 험담을 일삼는 흔히 "뒷담화"이고 가장 어려운 것은 "나 자신을 아는 것"이라고 한다. 흔히 뒷담화는 상대방을 칭찬하기보다는 단점을 헐뜯게 되는 게 일반적이다.

　말이 사람을 거치면서 옮기는 과정을 통해 쌓이게 되면 결국

한 사람을 몹쓸 사람으로 낙인찍히는 결과를 초래한다. '낮말은 새가 듣고 밤말은 쥐가 듣는다'했으니 험담은 결국 낭사자에게까지 되돌아가 감당하기 어려운 상처를 받게 된다. 그 상대가 누가 될지도 모르는 상황에 이런저런 말장난이 사회를 어지럽히기도 하니 말 한마디 한마디에 신중을 기해야할 것임을 깨닫게 된다.

 타인의 말 한마디에도 상처를 받기도 하지만 그것들은 내 생각에 의해 떨쳐버릴 수도 있다. 남의 말이니 나와는 무관하다고 생각하면 그것은 나와는 상관없이 말하는 사람의 인격의 문제이기에 크게 개념치 않는 이들도 종종 보게 된다. 한쪽 귀로 듣고 한 쪽 귀로 흘리는 것도 필요할 듯싶다.

 '상처'는 인간관계 속에서 이루어지는 것이기에 당사자가 어떤 생각을 갖느냐에 따라 충분히 치유가 가능한 일이다. 하지만 예기치 않은 가족과의 영원한 이별로 인한 '상처'는 가슴에 묻어둘 수밖에 없는 영원히 치유 불능의 경우도 있다는 게 우리를 더욱더 슬프게 한다.

생각의 차이

　음식을 맛있게 먹는 방법은 아주 간단하다. 모처럼 어머니와 바닷가를 찾았다. 평화로운 바다를 뒤로하고 시장기를 느낀 모자는 가까운 음식점으로 발길을 돌렸다. 눈부시던 하루가 바다에 몸을 식힌 지 한참을 지났으니 주위도 어둑해졌다. 급한 마음에 먼저 화장실을 찾았으나 불빛도 없고 낯선 벌판에서 허둥대다 볼일을 보고 불편한 마음으로 돌아와 어머니와 자리에 앉았다.
　서해안의 별미 조개구이를 시켰으니 시장기를 채우기에는 시간이 걸린다. 아들이 불평을 늘어놓는다. 모처럼 바쁜 시간을 내어 엄마와 좋은 곳이라 찾아왔는데 화장실도 없고 발길을 잘못 들여 온 것 같다며 음식을 놓고 투정을 시작한다.
　어머니는 젊은 부부가 열심히 사는 것 같다며 친절하고 상냥하니 맛있게 먹자고 아들에게 타이른다. 그래 생각을 바꾸면 맛있는 음식을 먹을 수 있다는 걸 깨닫고 석쇠 위에서 크게 벌어지는 조개만큼이나 큰 입을 벌려가며 둘이는 맛있는 시산을 보낸다. 생각이 마음을 바꿔주니 모든 것이 달라진 것이다.

  요즈음 생각지도 않게 벼돌이 생활을 하고 있다. 기약도 할 수 없는 처지라 이사도 못하고 두 집을 오가며 지내고 있다. 처음엔 불평 아닌 불만을 토로 했지만 피하지 못하면 즐기라 했듯이, 좋은 여행의 시간을 만들어 보고자 생각을 바꾸기로 했다. 남편은 아침 일찍 출근하고 나면 온 종일이 혼자만의 시간이다. 그 시간을 어떻게 지내는가에 따라 기쁨의 시간이 될 수도 있지만 괴로운 시간의 연속이 될 수도 있다.

  일하는 사람에게도 지루한 시간이 될 수 있고, 보람 있는 하루가 될 수도 있는 가는 생각의 차이에서 오는 것. 나의 일을 어떻게 보느냐에 달려있다. "내가 하는 일에 어떤 보람과 가치가 있나"를 생각하며 일한다면 같은 일을 해도 만족감은 백배일 듯하다.

  이렇듯, 긍정적이고 낙천적인 생각으로 일을 받아들이는 사람과 부정적이고 회의적으로 받아들이는 사람과의 차이는 단순히 돈벌이 개념이 아니라 인생살이의 승패까지 이어질 것이다. 그래서 우리는 생각을 바꾸라는 말을 자주하기도 하고 듣기도 한다.

　생각을 바꾸고 바뀐 생각에 따라 행동을 달라지게 하는 것은 결코 쉬운 일이 아니다. 설령 생각이 바뀐다 해도 다른 행동을 하는 경우가 많다. 생각을 바꾸기 위해서 가끔 홀가분히 버스여행의 맛을 즐기며 낯선 지역 곳곳을 찾아다닌다. 살고있는 곳은 농촌지역으로 4월의 자연은 신비하기까지 하다. 새로 태어나는 온갖 식물과 풍경에서 마음속의 생각을 이어주고 소리를 만들어 간다.
　양지바른 돌 틈의 작은 보랏빛 제비꽃에서 귀여움을 보았다면 밝은 마음으로 본 것이고, 길가에 밟혀진 민들레꽃을 보았다면 아픈 미음으로 보았을 것이고, 골짜기에 흩어진 진달래의 소리를 들었다면 슬픈 마음으로 보았기 때문이다. 키 크고 덤스러운 목련을 보았다면 마음이 풍성했을 것이고, 시들어가는 목련은 외로운 마음으로 보았을 것이다.

졸졸 흐르는 시냇물은 운치 있는 마음으로 들었고, 산새들의 예쁜 지저귐은 맑은 마음으로 들은 것이리라. 살랑살랑 산들바람은 고요한 마음으로 들은 것이고, 톡톡 새순 돋는 소리는 편안한 마음으로, 꽁꽁 꿩꿩~ 황소개구리의 울음은 분노의 마음으로 들었으리라.

바르게 보고 바르게 듣지 못하는 것은 마음속에 생각이 복잡하기 때문이다. 마음이 아픈 사람에게는 아무리 예쁜 꽃이라 해도, 아무리 좋은 노래 소리도 애잔하고 슬프게만 들린다. 생각을 바꾸면 모든 게 달라지니 바꿔야 한다는 말을 자주 듣지만 생각을 바꾸고 마음을 바꾸는 게 그것도 사람의 일인지라 그리 쉽지만은 않다. 힘들고 어렵게 생활하는 것은 우리가 처한 환경이 풍요롭지 못하기 때문이 아니라 생각이 정돈되지 않고 마음이 풍요롭지 못하기 때문이다.

법정스님의 "무소유"는 아무것도 갖지 않는 게 아니라 불필요한 것을 갖지 않는다는 뜻이라 한다. 치열하게 살되 얽매이지 않는 것이며, 의미 있고 선하게 살되 무엇을 남기거나 얻으려 하지 않는 것이다.

같은 음식이라도 맛있게 먹는 사람과 맛없이 먹는 사람은 단지 생각의 차이에서 오는 것이다. 생각을 바꾸면 모든 것이 변한다고 한다. 그렇지만 생각의 차이란 그리 어려운 일도 아니지만 쉽지만도 않은 것 같다.

라디오에서 흘러나오는 노래가 애잔하고 슬프게 들리는 것은 내 마음이 슬프고 아픔이 남아있기 때문인가보다.

아무튼, 주말

코로나로 온 세상은 어수선해도 시간은 바람에 흩어져 벌써 주말이다.

모 일간지의 주말이면 따라오는 아무튼, 주말에는 영화, 전시 행사, 콘서트, 테마파크 차트 등 볼거리가 있고, 마른 가슴을 적셔주는 읽을거리도 풍성하여 은근히 기다려지는 기쁨이 있다. 오늘은 김형석 교수의 「수학이 모르는 지혜」의 일부분인 우화의 내용이 가슴에 빨간 줄을 그어 놓는다.

아라비아의 한 상인이 있었다. 늙어 임종이 가까워졌다는 것을 안 상인은 아들 셋을 불러 유언을 한다. "너희에게 물려줄 재산으로 말 17마리가 있는데 내가 죽거든 큰아들은 그 2분의 1을 가져라. 둘째는 3분의 1을 가지고 막내는 9분의 1을 차지하라고 말했다." 아버지 사후에 큰아들은 말 9마리를 갖겠다고 했다. 동생들은 아버지 유언인 2분의 1을 초과한다고 반대했다. 둘째도 3분의 1에서 손해를 볼 수는 없으니까 6마리를 가져야 한다고 고집했다. 형들의 욕심을 알아챈 막내는 나도 한 마리로 만족할 수 없으니까 9분의 1은 좀 넘지만 2마리를 가질 권리가 있다고 주장했다.

며칠을 두고 논쟁을 벌였으나 재산 분쟁은 해결되지 않았다. 아버지가 남겨 준 사랑의 유산이 삼형제 사이의 우애를 허물고 싸움으로 번질 상황이 되었다. 그러던 어떤 날 그 집 앞을 지나던 사제司祭가 나타났다. 먼 길을 떠나왔는데 타고 온 말과 함께 쉬어갈 수 있나를 요청했다. 손님이 사제이기 때문에 삼형제는 기꺼이 하루를 머물고 가는 대신 자기네가 겪고 있는 재산싸움을 해결해 주면 사제의 청을 들어주겠다고 약속했다.

사제는 "그러면 내가 타고 온 말 한 필을 줄 테니 모두 18마리 중에서 큰형은 9마리, 둘째는 6마리, 막내는 2마리를 가지라"고 했다. 모두 갖기를 원했던 것이기에 삼형제는 그렇게 하기로 수락했다. 다음 날 아침 9마리, 6마리, 2마리씩 나누어 가졌는데 말 한 마리가 남아있었다. 사제는 "나는 걸어서 떠나겠다"고 문 밖으로 나갔다.

삼형제는 "우리가 원하는 대로 가졌는데 사제께서 타고 온 말이 남아있습니다. 먼 길이니 타고 가셔야겠습니다"하고 내주었다. 사제는 "나에게도 한 마리를 주니까 감사히 타고 가겠다"면서 작별인사를 했다.

사제가 나타나지 않았다면 더 큰 싸움으로 번져 형제간의 우애는 없어졌을 것이다. 요즘 방영되는 유산에 관한 드라마 속의 자식들같이 욕심만 채우려는 사람들의 모습을 보면서 우리 모두가 그렇게 변해가고 있지는 않은가 마음이 편하지 않다. 조금의 양보나 이해보다는 나만 채우려는 이기적인 생각이 가정과 사회를 멍들게도 하니 말이다.

하지만 그렇지만은 않다. 욕심 많은 사람보다는 착하고 좋은 일을 서슴지 않는 사람들이 곁에 있기에 세상은 물과 같이 쉬지 않고 흘러가고 있다.

"명품 하나 없는 명품 수선공이 자식도 모르게 전 재산을 기부"란 대문짝만한 기사에 눈이 휘둥그레졌다. 어렵게 공부하는 학생들을 위해 모 대학에 평생 모은 12억을 기부한단다. 집안 형편이 안 좋아 초등학교 졸업 후 직업 전선에 뛰어들어 억척같이 재산을 모았다고 한다. 슬하에 4남매의 자식을 두었지만, 손 벌리는 자식들한테 돈 줘서 날려 버리느니 어렵게 공부하는 젊은이들에게 주는 게 더 의미 있다는 생각을 했다고 하니 별난 아버지임에 틀림없다. 전달하는 과정에서도 가족들이 알게 되면 무산될 수 있으니 절대 비밀로 하라고 조카인 교수에게 당부해 일을 성사시켰다고 한다.

빛 한 점 안 들어오는 3평짜리 골방 사무실이 84세 K씨의 수선집 공간. 50년 가까이 명동에서 명품 귀하던 시절 찢어진 백도 감쪽같이 고쳐 전국에서 손님들이 몰려와 정성 들인 만큼 돈을 벌었다고 한다. 고생해서 번 돈인데 아깝지 않느냐는 질문에 "뼈 빠지게 고생해서 번 돈이 한꺼번에 빠져나가는데 아쉽다는 생각이 전혀 안 들었다면 거짓말이겠죠. 그래도 아쉬운 마음보다는 홀가분한 마음이 컸습니다"라고…….

소크라테스는 "만족은 천부적인 부富요, 사치는 인위적인 빈곤貧困"이라고 했듯이 K씨는 마음의 부를 타고 난 사람 같다. 자식들 챙기느라 허위문서에 온갖 부정이 난무하는 이 시대에 어려움 속에서 따스한 정을 나누는 분들이 있어 자랑스럽다. 길가의 짓밟힌 민들레에서 노랗고 귀여운 꽃을 보는 것 같아 더욱 아름답다.

15년 전 일이다. 군에서 순직한 아이의 위로금을 아들의 이름을 빌려 다니던 대학에 장학금으로 기부한 일이 있다. 귀하고 함부로 쓸 수 없는 돈이기에 어느 학생에게 조금의 희망이라도 되었으면 하는 바람으로 기부한 것이 지금까지도 이어지고 있어 마음의 위안으로 삼고 있다. 자식들이 있지만 어려운 학생을 위해 전 재산을 기부한 K 씨도 눈물과 피가 섞인 헛되이 쓸 수 없는 소중함이었기에, 아주 오랫동안 이어지기를 바라는 마음에서였으리라 생각하니 눈시울이 뜨거워진다.

직장 생활하며 주말을 손꼽아 기다리던 30년 전의 시간을 떠올려 본다. 우는 아이들을 떼어놓고 출근하여 파김치가 되어 퇴근하고 반복되는 생활 속에 여유도 없던 그런 시절이 있었다. 주말에도 수시로 출근을 해야 했던 그 시절, 아이들과 놀기 위해 그렇게 기다리던 주말이었는데 이제는 기다리지 않아도 어쩌다 보니 주말이다.

조금은 지루하기도 한 요즘이지만 아무튼, 주말이 기다려지기도 한다.

왜 혼자가 되면

　온갖 꽃들이 유혹하는 싱그러움 속에 벌 나비를 따라 날아가고 싶다.
　반갑지 않은 딩동딩동~ 우리 지역 안전안내문자 32번 확진자 발생이란 단어에 몸과 마음은 다시 움츠려 든다. 코로나바이러스로 집안에 갇혀 답답함을 이겨내고 있는지 6개월 째다. 외로움도 우울증도 마음에 자리 잡은 지 오래고 이젠 세상 밖 구경하기를 포기한 채 지쳐가고 있다. 이참에 혼자 살아가는 법도 터득하는 것이 아닌가 한다.
　'왜 혼자가 되면 외로운지 아는가?' 심리학자 카를 융은 이렇게 제시하고 있다. '당신 주위에 사람이 없어서가 아니다.' 외로움은 당신이 중요한 문제를 두고 누군가와 소통할 수 없을 때 생기는 거다'라고 했다. 누구에게도 털어놓지 못하는 중요한 문제

때문에 외톨이가 되기도 하고 두렵고 외로움을 느끼게 된다는 것이다. 나누면 반이 된다고 하지만 힘들 때 옆 사람에게조차 말을 못 하고 참아 버리는 경우가 많다. 그리고는 자기 상황이나 힘든 처지를 남이 알아주기만을 바란다. 인간관계에 꼭 필요한 것이 소통이란 걸 알지만 여러 가지 관계로 머뭇거리다 말하지 못한다.

요즘 방송을 뜨겁게 달구고 있는 트롯의 인기 연예인 얘기다. 방송에서는 재미있고 좋은 모습만 보여주려 최선을 다하여 사랑을 받고 인기를 누리고 있지만, 집에 혼자 있으면 너무 외로워 아무것도 할 수가 없다고 한다. 부모님께는 어려움을 얘기조차 못 꺼낸다는 착한 젊은이를 보았다. 누군가와 소통하기 어려운 처지이기에 외로움을 감수해야 하지만, 사랑해 주는 모든 사람들을 모두 내 편이라 생각하면 외로움은 반으로 줄어들지 않을까 조언해 주는 분이 있다.

아들의 군대 일기장에서 본 글귀가 십오 년이 지난 지금도 가슴을 찢어 놓는다. '마지막 훈련이 끝나고 엄마가 전화했을 때 정말 힘들다고 말하고 싶었는데 엄마가 더 아플까 봐 말 못했다'는 흐느낌의 필체는 영원히 잊혀지지 않을 것이다. 얼마나 힘들고 외로웠을 텐데 그 말이라도 했으면 덜 외롭고 덜 힘들었을 텐데 들어주지 못한 것이 평생 한으로 남는다. 이제라도 자식의 목소리를 간절히 듣고 싶지만 그럴 수도 없다. 사고로 의식을 잃고 침묵 속에 혼자 죽음을 삼켜내야만 했던 슬픔과 두려움은 어미로 살아가면서 누구에게조차 말 못 할 아픔인 게다. 언제라도, 당장이라도 아들 곁으로 달려가고 싶으니 살아있는 한 외로움은 나의 몫이리라.

『외로우니까 사람이다』의 정호승 시인은 외로움을 다른 대상을 통해 벗어나거나 피하려고 하지 말고 담담하게 받아들이라고 말한다. 외로움은 다른 누군가를 통해 해소되어야 하는 부정적 정서가 아니라 모든 이들이 느끼는 보편적 정서로, 우리가 받아들여야 하는 삶의 한 부분이라 생각한다. 문제가 있어도 누구에게 말하지 않고 혼자 안고 가는 것도 때론 나름의 방법이 되지 않을까 한다.

꽃잎에도 상처가 생길 수 있듯이 살아가면서 많은 상처를 입기도 하지만 알게 모르게 누군가에게 주기도 한다. 중요한 문제는 비밀로 간직하는 경우도 많다. 외로워지기 싫다고 모든 걸 소통하는 습관이 있다면 그 또한 누군가에게는 상처가 되기도 할 것이 아닌가. 어렵고 힘들 때 도움을 청할 사람을 손꼽아봐도 막상 떠오르는 이도 별로 없으니 외로움을 덜어내기엔 더욱 어려운 것 같다.

  외로움을 느끼고 싶은 사람은 없을 것이다. 하지만 인간은 혼자이기에 외롭다는 생각을 갖는 것도 외로움을 덜어주는 방법이 아닐까. 사회적 동물이라 하지만 이차피 나 혼자 살아가는 세상에서 외로움은 누구나 느끼는 감정으로 받아들이는 습관도 필요할 것 같다.

  코로나로 모임이나 각종 행사가 취소되어 갈 곳이 마땅치 않다. 배울 수 있는 공간도 모두 휴강상태다. 그나마 텃밭의 작물과 소통하는 것이 큰 위안이 되고 있다. 거짓말을 못하는 자연이기에 씨앗 하나에서도 많은 꽃과 열매를 얻을 수 있으니 위안이 된다. 마음을 나누기 힘들어하는 나에게 어려운 소통방법을 그들이 대신해주고 있으니 고맙기 그지없다.

  블루베리, 오디, 복분자로 첫 침샘을 자극하고, 고추 상추 아욱 한 움큼이 입맛을 돋워주니 그들을 키워낸 흙에게 감사하며 오늘을 시작한다. 풀들이 자라주는 것조차 새로운 일의 시작으로 외로움을 덜어주니 모든 생명체가 소통의 대상이라 할 수 있지 않은가. 봄에 심은 모종 5포기에서 아침에 호박 8개를 따서 이웃에 나눠주고 아침밥을 둘이 마주하고 있으니 이 또한 마음의 외로움을 조금은 덜어놓은 기분이다.

행복하기 위해서는 누군가와 같이 있어야 한다는 생각, 혼자가 되면 외롭다는 생각이 더 큰 외로움을 가져다주니 무엇이든 새로움을 찾아 나서야 한다. 누가 어디에 있든 상관하지 말고 다 내 편이라 생각하는 믿음만 있어도 우울하거나 외롭지만은 않을 것이다.

시간 여행

　군부대가 즐비한 최북단 지역 연천에서의 생활 1년 3개월. 가기 싫은 발걸음으로 밟은 연천에서의 생활이 시골 내음과 정이 많은 이웃과의 틈에서 이별이란 또 다른 따뜻함을 안고 돌아왔다.
　살던 집으로 돌아온지 5개월 만에 예기치 않은 인연으로 포천에서 반년을 지내고 있다. 지난날의 꿈이었던 내 집, 손때가 묻어있고 아들이 잠들어 있는 안식처를 2년여 떠나 있어야 하는 게 무엇보다 아쉽다. 그리고 미안하다.
　최전방 강원도 철원에서 근무했던 아들, 얼굴도 못보고 떠난 아들이 그립고 보고 싶은 마음에 경기도의 최북단인 연천과 포천으로 아빠를 불러들였나 보다. 그런 마음으로 망설임 없이 남편을 따라와 나름 지루하지 않은 시간을 만들어가며 지내려 한다. 우거진 숲과 파란하늘을 통해 사랑을 나누기도 하면서…….
　얼마동안의 기간이 될지 몰라 나름대로 포천을 이해하기 위해, 아니 시간을 할애하기 위해 이곳저곳을 분주하게 다니고 있다. 면적이 서울시의 1.4배라더니 다닐 곳이 너무 많다. 인구는 16만의 작은 도시로 도농이 복합된 지역으로 산 좋고 물이 좋아 살기 좋은 도시라지만 농촌인 것 같아 더 정감이 간다.
　흔히 포천하면 전방지역으로 군인이라는 단어와 더불어 군부대가 많은 것만을 떠올리게 되지만, 실제로는 아트밸리, 허브 아일랜드, 산정호수, 한탄강 비경, 평강식물원, 국립수목원등 많은 볼거리가 있는 지역임을 알지 못하는 이도 적지 않은 것 같다.
　먼저 시에서 직접 운영하는 아트밸리로 가보자. 화강암을 채석한 후 오랫동안 버려진 채석장을 친환경 문화 예술 공간으로 탈바꿈시켜 놓은 곳이다. 산 정상의 천주호와 기암절벽 등이 수려한 자연경관을 자랑하고 있다. 아담하고 예쁘게 마련된 무대에서는 다채로운 공연과 체험활동을 즐길 수 있는 곳이기도 하다.
　경사면에 조성된 잔디 공원에는 다양한 조각 작품을 전시해 놓았다. 특히 남근이 조각된 하반신의 드러누운 조각상은 찾아오는 방문객들의 사진 촬영장소로도 각광을 받고 있다.

다음은 13만평 규모의 허브 아일랜드와 박물관이다. 허브의 원산지인 지중해의 '생활 속 허브'를 테마로 한 허브박물관, 베네치아 마을, 신티마을이 있다. 또 허브체험장인 유럽식 하얀 건물의 힐링센디에서는 족욕과 맛사지로 여성들을 유혹하고 있다. 250여 종의 허브 식물을 감상할 수 있는 허브박물관은 사계절 볼거리 중의 하나임은 두말할 나위가 없다. 휘황찬란한 야간 조명으로 밤 10시까지 개장하여 연인들의 데이트 장소로도 일품이다.

또 언제가도 좋은 울창한 숲으로 둘러싸인 국립수목원. 조선 세조가 자신과 왕비 정희왕후 윤씨의 능을 지금의 광릉 자리로 정하면서 주변 산림도 보호하라고 엄명을 내렸다 한다. 이후 한국 전쟁도 견디어 내며 500년 넘게 생명력을 유지 자연 그대로의 숲을 이루고 있다. 많은 식물들이 자생하고 있어 생물 다양성의 보고라고 일컬어지고 있으며 고달픈 도시민들에게 휴식 및 힐링 공간으로도 안성맞춤이 아닌가 싶다.

연천과 이어진 한탄강은 태고의 순수자연을 고스란히 간직하고 있다. 약 50만 년 전, 강원도 평강 일대의 화산 폭발로 인해 엄청난 양의 용암이 큰 흐름을 이루었고 그 용암이 식어 아름다운 현무암 협곡의 절정을 만들어 냈다고 한다. 한반도에서 유일하게 화산이 폭발해 생긴 강으로 강원도 평강군에서 발원해 김화, 철원을 지나 포천에서 40킬로미터의 물길을 이루며 한탄강 아름다움의 절정을 보여주고 있다.

그리고 명성산과 산정호수 자락에 위치한 평강식물원. 새봄 들꽃을 찾아 갔다가 계곡을 뒤흔드는 황소개구리의 울음소리에 길을 헤맸던 곳이다. 봄과 여름이면 흰색부터 샛노랑, 빨간색, 보라색까지 총천연색으로 피어나는 꽃을 질리도록 감상할 수 있으며, 가을이면 단풍이 물들고 들국화가 만발한 장관을 만날 수 있는 곳이기도 하다.

이 밖에도 국민관광지로 지정되어 연간 70만 명 이상의 관광객이 찾는 대표명소 산정호수, 전국 5대 억새군락지로 손꼽히는 명성산, 비둘기들이 새끼를 치며 서식했다는 비둘기낭 폭포, 볏짚을 쌓은 모양으로 이루어진 화적연은 언제 보아도 정감이 서려있고 자연이 주는 편안함을 느낄 수 있는 곳이다. 가는 곳마다 산세가 깊어 골짜기마다 시원하고 깊은 계곡을 이루어 백운계곡을 비롯해 휴양지로 여름이면 북새통을 이룬다.

이곳에서의 생활 또한 긴 시간여행으로 생각한다. 낯선 곳이지만 가볼만한 곳이 많기에, 배워볼만한 것이 아직은 많이 있기에, 좋은 사람들을 만날 수 있는 장소가 곳곳에서 기다려 주고 있어 포천에서의 생활은 지루하지 않다. 남은 기간이 얼마가 될지 모르지만 나름 후회하지 않는 삶을 지내야겠다.

05 / 흙과 함께하니 좋은 날

7평의 짭짤한 재미

심어놓은 고추와 토마토엔 열매가 주렁주렁 가지가 찢어질 정도다. 몇 주 안 되지만 두 식구가 먹기엔 너무 많은 양이다. 고추 몇 개, 가지 두 개, 방울토마토도 몇 개 따주었더니 싱싱한 맛에 이웃 친구가 너무 좋아한다. 텃밭을 잘 가꿨다고 단정하게 깎아놓은 단발머리에 비유하며 칭찬을 아끼지 않는다.

올해도 몇 번의 삼겹살 파티에 심어놓은 상추를 따고, 작년에 심어 김장한 김치로 반찬 걱정 없이 손님을 접대했다. 고추, 상추를 따서 이웃과 나눠 먹고 호박, 감자를 얻어먹고 이런 게 시골에 사는 재미이다. 그리고 아침에 일어나 소일거리가 있는 게 촌뜨기인 나에게는 안성맞춤이다.

집을 지으면서 마당에 잔디를 심고 7평 남짓한 텃밭을 만들기를 참 잘했다는 생각은 2년이 되어가는 지금에도 변함이 없다.

전체에 산나를 심자는 남편의 의견을 만류하고 마당 끝으로 공터를 만들어 돌을 고르고 퇴비를 주어 정비해두었다.

　새봄이 되어 제일 먼저 상추를 심고 끝 쪽에다 파와 부추를 심었다. 4월이 되니 각종 모종이 한창이다. 상일동 꽃시장에 들러 수선화 등 예쁜 꽃모종을 사고, 고추, 가지, 토마토 모종도 몇 개씩 샀다. 줄을 맞추고 종류별로 나란히 심어놓으니 멋진 텃밭이 완성되었다. 시금치와 아욱 씨도 뿌려 식탁을 텃밭에 맡겨놓았다.

　농촌을 싫어하는 이유는 주변 환경도 이유가 되겠지만 힘든 농사일 때문일 것이다. 끊임없이 이어지고 되풀이되는 일은 감당하기 어렵다. 농토가 많아 농업을 전문으로 하는 것은 농기계를 이용하는 등 어려움이 많지만 조그만 텃밭을 하는 것은 짭짤한 재미가 있다. 더구나 집 안마당에 있어 하루 종일 보고, 같이 자랄 수 있으니 시간 때우기는 그만이다.

　TV 보다가, 책을 읽다가, 다른 일을 하다가도 지루하면 작물들에게 다가가 눈을 맞춘다. 잡초는 매일 뽑아도 눈 돌리면 보이는 게 잡초다. 동네 한 바퀴 돌고 오면 또 자라는 게 풀인 것 같다. 그래서 농사일은 끝이 없나 보다. 지금은 비닐을 덮어 풀을 못 자라게 하지만, 옛날에는 호미로 몇 번씩 김을 매주었다. 중·

고등학교 시절 일요일이면 밭에 나가 풀을 뽑곤 했다. 그때는 그렇게 싫었는데 지금은 재미로 하고 있으니 세월이 많이 흘렀나 보다.

장마가 지나 봄에 심은 키 큰 상추는 뽑아버리고 새로운 상추와 열무를 심었다. 얼마를 또 기다리면 새로운 먹거리가 풍성할 것이다. 씨를 뿌리고 새싹이 나오기를 기다리고 그것들이 탐스럽게 자라주기를 바라며, 매일 아침 새로움에 재미도 자라고 있다. 토마토 한 개와 블루베리 한 움큼의 효과로 하루를 편안하게 지낼 수 있음에 감사하다. 올해는 손자도 안심하고 먹고 있으니 기쁨은 열 배가 된다.

아침에 뜯는 푸성귀는 보는 것만으로도 배가 부르다. 먹을 사람이 많은 것도 아니고, 음식에 욕심이 있는 것도 아니다. 하지만 씨를 뿌려 기나리고 자라주는 모습이 좋아서 매일 아침 손을 내민다. 심어놓으면 자연의 이치대로 혼자서도 잘 자라지만 사람의 손길이 닿으면 그 정성만큼 빛을 낸다. 먹음직스런 먹거리로 탄생하는 것이다. 자라나는 과정을 보면서, 수확하는 재미에 많은 성취감을 맛보기도 한다. 내 손에 의해 성장해가는 모습에 자신감도 생겨난다고 할까?

요즘은 반려동물 인기가 주춤하고 반려식물에 관심이 늘어간다고 한다. 더구나 홀 로사는 노인들의 우울한 마음, 외로움 해소에도 도움이 되고, 직장인 스트레스 해소에도 도움이 되어 반려식물을 키우는 사람들이 점차 많아지고 있단다.

식물이 성장하는 것을 보면서 성취감을 느껴 심리적인 외로움뿐만 아니라 질병을 가지고 있는 분들에게도 도움이 되어, 위로받고 정서적으로 육체적으로 큰 효과를 보이고 있다고 한다. 길가의 자투리땅에 콩 몇 포기, 고추 몇 주를 심어 정성을 다하는 어르신들의 마음을 이제는 헤아릴 수 있을 것 같다.

도시에서 생활의 편리함 속에 문화생활이나 취미생활, 평생교육 하는 곳을 찾아다니던 시간을 뒤로하고 이젠 이곳에 익숙해져야하니 마음이 변해가고 있다. 바쁨보다는 느긋함이 좋고, 시끄러움보다는 조용한 것이 좋으니 세월 탓도 있겠지만 자기중심적 사고에서 오는 자연 현상이 아닌가 한다.

    참새 소리에 잠을 깨고 개구리 소리에 잠을 청하는 그런 생활에 적응하며, 싱그러움이 함께하는 텃밭이 주는 짭짤한 재미로 외롭지 않은 건강한 노후를 보내야겠다.

농촌의 새로운 멋

아침에 일어나면 일삼아 동네 한 바퀴를 걷는다.

사람들은 강가의 습지 공원이나 야산을 찾아 운동을 하지만 그것보다는 사람 살아가는 모습이며 농촌의 들판 구경하는 재미가 좋아 동네 한 바퀴를 돌아 내려온다. 그러면서 심어놓은 작물들의 커 가는 모습을 살펴보며 새로 심어놓은 작은 모종에 더 관심을 갖게 된다.

집을 지으면서 마당에 조그만 텃밭을 만들었다. 그 텃밭에 무엇을 심을까 궁리하면서 남들이 심어놓은 작물들을 구경하며 이것저것 들을 모두 심어보고 싶은 욕심이 생긴다. 심어놓고 커가는 모양을 보는 재미도 있지만, 수확하는 기쁨에 넘쳐 웃음 지으며 씨를 뿌리고 모종을 심는다.

무더위가 지나고 긴 장마가 지나니 김장 심는 철이 다가온 듯하다. 풀밭이었던 곳들이 배추 모종들로 가득 메워진다. 우리 마당의 텃밭도 상추, 고추, 토마토, 감자가 차지했던 공간을 김장 심을 욕심에 공터로 만들어 놓았다. 남들이 심었으니 늦으면 큰일이라도 일어날세라 종묘 가게를 찾아 배추 모종을 사고, 무와 총각무 씨도 샀다. 여름 장마로 배추 값이 비싸니 김장값도 만만치 않을 것 같아 심어서 잘 키워보자는 야무진 꿈을 갖고 말이다.

배추 모종을 정성들여 심어 물을 주고, 조금 남은 터에 무와 총각무 씨를 뿌렸다. 아침에 일어나 제일 먼저 문안 인사하는 곳이 텃밭이 되었다. 옛날에 아버지가 그랬듯이. 새벽에 일어나 전답의 작물들을 한 바퀴 돌아보고야 아침을 드셨던 아버지의 마음을 손바닥만 한 텃밭을 일구며 생각하게 한다.

어릴 적 보았던 씨앗은 집에서 받아 사용했던 씨앗이라 자연 그대로의 갈색 모양이었다. 요즈음 팔고 있는 씨앗은 약품 처리를 해서인지 파랗고 빨갛고 예쁜 색깔의 알갱이로 변해있다. 작은 씨앗을 뿌리고 다음 날 아침, 또 다음 날 아침에도 아무런 기별이 없다. 흙을 너무 얇게, 아니 너무 깊게 뿌려서 싹이 트지 못

하나 걱정이 든다. 사흘째 되는 날 아침 걱정이 가득한 눈을 씻고 오늘은 좋은 소식이 있겠지 하는 마음으로 향했다.

모종으로 심은 배추는 뿌리를 박은 듯 잎사귀 색깔이 빛나고 있었다. 휘둥그레 궁금한 눈을 하고 옆을 보았다. 파란 모자를 엉덩이에 쓴 총각무가 연초록의 빛깔로 눈을 뜨고 있었다. 하나가 아닌 여러 무리의 행렬이 줄지어 있다. 작은 떡잎에 붙은 파란 껍질이 귀엽고 예쁘기까지 하다. 무엇이든 때가 있는 법인데 괜한 걱정을 하고 있었다.

조그만 텃밭을 하면서 터득한 것은 기다림과 뿌린 만큼 거둔다는 것이다. 우리가 살아가는 것이 기다림의 연속이듯이 씨를 뿌리고 자라고 수확하는데도 많은 기다림이 필요하다는 것을 다시금 느끼게 한다. 그 기다림 속엔 얼마나 많은 피땀과 노력이 섞여있다는 사실도 잊어서는 안 된다. 그래서 농사는 사람이 짓는 것이 아니라 하늘이 짓는다는 말도 있지 않나 생각하게 한다.

벼를 심어 쌀이 되기까지는 88번의 손길과 365번의 발길이 있어야 한다고 한다. 경쟁력이 약한 벼를 지키기 위해 수없이 논을 둘러보고 적당한 때를 가늠하여 필요한 일들을 해주어야 한다는 것이다. 우리 집 앞 논 주인이 매일 아침 자전거 벨을 울리며 논 주위를 살펴보는 이유도 이제야 알 것 같다. 주인의 발자국 소리에 농작물이 커간다는 것을 주변에서 실감하며 지내고 있다.

우리가 보통 나이를 뜻하는 말로 40세를 불혹, 50세를 지천명, 60세를 이순, 70세를 고희, 80세를 산수, 88세를 미수, 90세를 졸수, 100세를 상수라 한다. 장수하여 축복을 받았다 부러워하던 나이인 '미수米壽'는 쌀 미米를 써서 88세를 표현했다는 유래가 있다.

새싹으로 태어난 배추도 85일에서 90일의 재배 기간이 필요하고, 무는 70일 정도의 기다림이 있어야 식탁에 오를 수 있다. 코앞이니 손길과 발길은 충분한데 경험이 부족하여 잘 자라주기만을 기다릴 뿐이다. 기술적인 것은 농업기술센터에서 운영하는 농업대학에 다니며 배우고는 있지만, 우선 토양이 좋지 않고 초보 농사꾼이니 먹기보다는 키우는 재미만으로도 충분한 시간이 될 것 같다.

듬뿍 난 새싹들을 솎아주러 밖으로 나간다. 혹시나 하는 마음에 씨앗을 많이 뿌렸더니 얼굴 내밀기가 비좁아 보인다. 환한 얼굴로 하늘을 마음껏 볼 수 있도록 해줘야 한다. 생육기간 동안 햇빛을 잘 받아야 무 잎이 살 자라고 뿌리도 커져야하니까. 가뭄이 지속되면 쓴맛 매운맛이 강해진다고 하니 물도 자주 주어야 한다.

내가 좋아서 하는 일이니 언제나 즐겁고, 소리 없이 자라주는 모습들이 사랑스럽고 예쁘기만 하다. 내일 아침에도 제일 먼저 아기 배추와 무 새싹들에게 문안 인사를 올릴 것이다. 밤새 예쁘게 잘 자랐는지…….

마지막 터전

 현관문을 나서면 상큼한 향기가 눈과 머리를 씻겨준다. 저만큼 보이는 산자락에선가 아랫녘의 강가에서인가 어릴 적 고향의 정취를 느낄 수 있어 기분이 좋아진다. 먼저 대문을 연다. 아침 햇살과 함께 큰 복덩이라도 들어오기를 바라며 활짝 열어 제친다. 그리고 하늘을 향해 기지개를 켜본다. 몸과 자연이 하나가 되니 어느 것 하나 부러울 게 없다.
 이사 온 지 두어 달이 지나간다. 새봄과 함께 욕심이 생긴다. 예쁜 꽃보다는 앞마당 텃밭엔 상추며 쑥갓, 고추와 토마토, 오이 호박 감자 고구마 등을 심어놓고 벌써 마음은 수확할 재미에 푹 빠져있다. 울타리엔 감나무 대추나무 매실 포도 보리수를 심어놓고 매일 들여다보며 배 채우기를 기다린다. 식탐이 많은 것도 아니고 식구가 많은 것도 아닌데 먹을거리에 정성을 쏟고 있다.

믿지 못할 세상 탓인지, 먹지 못한 배고픔 때문인지 모르겠다.

　이곳 사람들은 작은 짜투리 땅이라도 보이면 내 땅 네 땅 안 가리고 풀을 뽑아 채소를 심는다. 먹기보다는 키우는 재미가 있어서인 것 같다. 씨앗을 뿌리면 가뭄 속에서도 엄연히 싹이 나고 줄기를 뻗는다. 기다림의 연속이 모든 걸 성장시켜 주는 듯하다. 그런 점에서 농촌의 생활이 느림의 미학이 아닌가도 생각하게 한다. 그래서일까 사람도 그런 환경에 익숙해져 가고 있다.

　참새와 까치의 지저귐에 말벗하고, 꽃과 벌 나비에 함께 춤추며, 상추와 푸성귀에 입 맞추며 몇 날이 지나도 지루하지 않은 것은 전원생활에 타고 난 운명인가? 아니 마지막 터전으로 자리 잡았으니 익숙해져야 하는 의무감 때문일지라도 자연을 벗 삼아 흙과 함께 가는 길은 지루하지 않을 것이다.

　씨앗을 뿌려놓고 물을 주며 매일매일 싹트기를 기다리는 맛도 보통이 아니다. 작은 씨 한 알이 움트는 것도, 땅이 갈라지고 용솟음을 쳐야 아주 작은 떡잎이 고개를 내민다. 또 며칠을 기다려야 본잎이 두개, 꽃망울이 맺히기까지는 한 달 이상의 시간이 소요된다. 우주의 섭리로 탄생하는 것은 힘들고 어려움이 뒤따라야 한다는 사실을 작은 식물 하나에서 깨닫게 된다. 그래서 생명이 있는 것은 모두 소중한 것이리라.

 옛날에는 한 고장에서 태어나 죽음까지도 함께 했지만, 요즘은 아파트 시대로 이사를 많이 한다. 우리도 예외는 아니다. 남편 직장 관계로 타지에서의 생활도 보태져 떠돌이 생활을 몇 년 했다. 일본 요코하마에서 3년, 최북단 3.8선이 있는 연천에서 2년, 최전방 부대가 많은 포천에서 1년, 경기도의 수부 도시 수원에서의 생활 28년을 마치고 퇴촌에 새로운 터전을 마련한 것이다.
 이젠 이곳에 익숙해지려 한다. 직장도 없고 특별한 일도 없다. 할 일을 찾아야 하고 만나야 할 사람도 찾아 나서야 한다. 다시 인생의 의미를 찾아보는 시간도 필요하다. "나무는 혼자 서 있어도 나무고, 돌은 혼자 있어도 돌이지만 인간은 혼자서는 인간이 될 수 없다"는 의미를 되새기며…….
 인간은 사회적 동물이기에 많은 사람들과의 관계 속에 살아가야 한다. 그러기 위해서 관심과 먼저 다가가기, 공감, 칭찬, 웃음이 필요하다고 한다. 새로 시작하는 마음으로 새로운 터전, 아니 마지막 터전에서 2막의 인생을 찾아야겠다.
 떠오르는 태양을 맞이하고 저물어 가는 노을과 함께 할 수 있는 이곳, 편안한 잔디가 눈 안에 있고 온갖 새들이 언제라도 같이 놀아주는 이곳을 마지막 터전으로 간직하고 싶다.

준비 없는 이별

끼룩끼룩끼룩~ 울음소리인지 웃음소리인지 다시 듣고 싶은 마음에 근처 습지를 찾았지만 조용하기만 하다.

몇 마리라도 남아 있겠지 하는 마음에 고개를 둘러 보지만 검회색의 비둘기와 오리 몇 마리뿐. 하얀빛으로 물 위를 스치던 그 많던 고니는 어디로 갔을까. 엊그제도 찾아왔었고 얼음 녹은 차가운 물가에서 수영이라도 하듯 평화로운 그들과 함께 취해 보고 싶어 다시 왔건만, 잘 가라는 인사도 못 했는데 그 먼 길을 훌쩍 떠나 버렸나 아쉽기만 하다.

퇴촌 경안천엔 1월 말쯤이면 수많은 고니가 찾아와 가는 겨울의 쓸쓸함을 달래주고 봄이 올쯤 떠나가는 철새들이 있다. 그러기에 경안습지 생태공원은 산책코스로 으뜸이다. 팔당 상류의 깨끗한 물이 흐르고 강가의 수풀이 우거져 눈 호강하러 자주 찾아갈 수밖에 없다. 게다가 대문을 나서 길 하나 건너면 되니 이보다 좋은 곳은 없어 지역 사랑에도 푹 빠져 지낸다.

겨울의 마지막 즈음 얼음이 녹을 때쯤이면 어김없이 찾아와 겨울을 보내고 가는 고니는 우리나라 천연기념물이다. 한두 마리가 아닌 고니들은 하얀 눈과 얼음 사이로 봄을 알려주는 액체들의 틈 사이로 모여든다. 얼음으로 둘러싸인 작은 호수 안의 사랑스러움은 한여름을 연상케 한다. 주로 물풀이나 갈대나 식물의 뿌리를 먹지만 작은 물고기도 잡아먹는다. 외로워서일까 백여 마리 이상씩 떼 지어 강줄기를 만들어 낸다. 함께 무리 지어 하늘을 나는 모습 또한 흔히 볼 수 없는 장관이다. 그때는 사진가들의 셔터 소리도 함께 요란해진다.

갑자기 떠난 이유를 알게 되었다. 철새니 봄이 오기 전 떠나야 하는 건 당연한 일이지만 환경이나 자연보다는 사람들의 이기심에 동물들도 멍들어 가는 것이다. 얼음이 녹으면 그물망을 쳐서 고기를 잡는 어부가 있으니 그들의 업무 첫날이 고니들의 평화로움을 깨뜨려 어쩔 수 없이 떠나야만 하는 것이다. 한 사진가의 한숨 섞인 말투에 원망이 담겨 있었다. 며칠만 기다려줘도 좋으련만 머나먼 길을 준비도 없이 떠난 수많은 고니들에게 미안한 마음이다.

준비 없는 갑작스러운 이별은 한없는 슬픔이 있다는 걸 알기에 더 가슴이 저려온다. 겨울 철새인 고니는 유라시아, 북부 알래스카, 캐나다 북부에서 번식하고 아시아 중부와 동부에서 월동한다. 따뜻한 곳을 찾아 4,000킬로미터 이상을 날아 퇴촌지역까지 왔을 고니들이 한 마리의 낙오 없이 3개월 이상의 비상으로 무사히 도착하기를 바랄 뿐이다. 자연에서 얻어내는 것에는 아무 의식 없이 인간의 무지에서 또는 이기심에 오는 것들로 파괴되는 것들이 얼마나 많은지 생각해볼 일이다.

집에 돌아오니 40년간 미뤄오던 강원도 오색케이블카 설치가 허가되었다는 방송을 보게 되었다.

얼마나 많은 환경 파괴가 예상될지, 산속의 수많은 양들은 어디로 떠나야 하는지 걱정이 앞선다. 산을 꼭 정상에서만 봐야 하는가. 오르지 못하면 산 아래서도 얼마나 많은 아름다움을 느낄 수 있을 텐데…….

곁에서 다채롭게 들리던 고니들의 얘기 소리가 맴도는 오늘이다. 욕심 많은 인간 위주의 삶이 아닌 자연과 더불어 살아가는 세상이 더 아름답지 않을까. 카메라에 담아놓은 사진에는 정겹

던 그 소리를 찾을 수 없으니 일 년 후를 기약해야 한다.

마당에 매일 찾아오는 참새, 까치, 까마귀 소리는 하루종일 그칠 줄 모르니 그들과 함께 지내야겠다.

아스팔트 위에 민들레

 노란 민들레가 아스팔트 위에 활짝 웃으며 따스한 눈길을 기다리고 앉아있다.
 정말 힘이 세구나! 어떻게 철벽을 뚫고 나왔어?
 지난해 집 옆에 빌라가 들어서면서 진입로를 아스팔트로 포장했다. 보기에는 깨끗해서 좋아 보이지만 시골이니 황톳길도 좋고 잡초가 무성한 논두렁길도 정겨운데 편리함을 우선으로 하니 주변의 골목길들이 시멘트나 아스팔트로 모두 포장되어있다.
 식물은 씨앗을 퍼트려 자신과 같은 종류의 식물을 보존한다. 이러한 종자식물은 약 20여만 종에 이른다 한다. 씨앗은 외부 환경에 잘 견딜 수 있게 되고 수분과 온도 조건이 적당한 환경에 놓이게 되면 싹을 틔운다. 식물의 한살이는 봄이면 싹이 터서 자라고 꽃이 핀 후 열매(씨앗)를 맺고 추위에는 일 년을 마무리하고 한 생을 마감한다.

 민들레는 양지바른 곳에서 잘 자란다. 봄이면 나물로 먹기도 하지만 보통의 잡초와 같이 사람들에 의해 짓밟혀도 꿋꿋하게 제 몸을 지켜내고 험난한 환경에서도 끝까지 꽃을 피워내고야 만다. 새싹이 언 땅을 뚫고 나오는 힘은 1톤 정도의 무게를 견디는 것과 같다고 한다. 내가 들어봐야 20킬로 정도 쌀 한 포대가 전부인데 얼마나 놀라운 힘인가. 아스팔트가 조금씩 벌어지더니 연한 민들레 싹이 돋아 나왔다. 철벽같은 무게를 뚫고 나왔으니 두세 배 아니 열 배 이상의 힘이 들었을 거다.

  작은 식물에서 생명의 존귀함과 보존의 중요성을 느낀다. 씨앗도 한 생명체가 죽어야 싹을 틔우고 열매를 맺듯 자연의 이치는 오묘하다는 걸 풀 한 포기에서도 배운다. 잔디밭의 잡초는 살아남기 위해 잔디보다 키가 크지 않다. 웃자라면 당장 뽑혀나가는 걸 알기에 1센치에서도 꽃을 피워 종족보존을 위해 몸부림친다. 하지만 잔디가 주인이기에 잎은 감추고 노란 꽃만 보여도 어림없이 뽑혀나간다. 어쩔 수 없이 심술궂은 농부가 되는 것이다.

  온갖 어려움을 안고 아스팔트를 뚫고 나온 민들레는 다른 풀들과 같이 하나의 잡초에 불과하지만 쉽게 뽑아 버릴 수는 없었다. 뿌리가 흙에 닿아서인지 쑥쑥 자라 많은 꽃을 피우고 홀씨는 먼 하늘을 날아간다. 다음에는 철벽을 뚫고 나오는 아픔을 겪지 않고 양지바른 좋은 흙에 자리를 잡았으면 좋겠다.

  지난해 이른 봄 아직 풀 포기조차 나올 기미도 없는데 시멘트 담벼락 양지쪽에 노란 팬지꽃이 가슴을 설레게 했던 때도 있었다. 높은 산 절벽에 떨어질 듯 몇 가지 뿌리로 몸을 지탱하고 누워있는 소나무를 보면 생명의 존귀함과 경이로움을 느끼기도 한다. 사람도 충족한 삶을 살기보다는 부족하지만 어려움을 이겨 내고 꿋꿋하게 살아가는 이에게 희망이 있기를 기대해 본다. 햇빛과 바람이 있어도 며칠 동안 비가 오지 않으면 식물들은 잎을 늘어뜨리고 갈증을 호소하며 죽은 듯 늘어져 있다. 안타까운 마음에 물을 흠뻑 주면 언제 그랬냐는 듯 한두 시간 만에 제 모습으로 회생한다.

겨울에 보는 식물들 또한 그렇다. 무성한 잎들을 다 떨구고 엄동설한 추위에 서 있으려면 죽을 만큼 춥고 아프지만 봄이 되면 연한 잎으로 살아있음을 표시한다. 뽑아 던져지는 잡초라도 아무 흔적도 없는 언 땅에서 언젠가 날아온 종자에 의해 새순으로 살아있음을 표시한다. 해마다 봄이 되면 생각하게 된다. 만물의 영장이라 일컫는 사람은 한번 시들어가면 다시 살아나지 못함을 안타까워할 뿐이다.

작은 식물에 불과 하지만 종족보존을 위해 험난한 환경에서도 굳건히 자리를 지키는 생명들을 보며, 사람의 힘으로도 뚫고 나오기조차 어려운 아스팔트 위에서까지 꽃을 피우는 민들레가 자랑스럽기까지 하다. 노령화로 어린이들을 보기 어려운 시골 마을에 민들레꽃같이 예쁜 아기들이 여기저기서 웃어주는 그런 날이 오기를 기다려 본다.

자연을 품은 작은 씨앗

 봄이 오면 제일 먼저 세상구경 나오지만 반겨주는 이 없다. 뭐가 그리 바빠 서둘러 나왔는지 누군가의 관심이라도 받으려 연한 빛을 뽐내보기도 하고, 작은 꽃잎을 내보이기도 하지만 누구의 눈길도 받지 못하고 쉽게 밟히고 뽑혀나간다.
 아침에 일어나 맨손에 풀 한 움큼이라도 뽑지 않으면 하루의 시작이 어색하리만큼 잡초와의 시작이다. 잡초라지만 그냥 무턱대고 자라지는 않는다. 나오는 시기가 다르고 장소에 따라 키 크는 순서가 있으니 쓸데없는 풀 하나에 불과하지만 자연의 섭리에 순응하는 생명이다.
 잔디밭의 잡초는 잔디보다 웃자라지 않는다. 우뚝 솟아나면 금방 뽑혀 나갈 걸 알기라도 하듯, 제가 주인이 아니니까 절대 혼자 크게 자라지 않는다. 잔디가 자라는 만큼 옆에서 키를 맞취간다. 뿌리가 뽑혀 내버려지기 전까지는 하나의 식물로 그러면서 끝내 작은 씨앗이라도 남기려 안간힘을 쓴다. 잡초는 자연적으로 발생하여 잔디에 피해를 주지만 새로 나온 꽃다지, 망초대, 민들레, 냉이 등 작은 생명을 뽑아 버리기는 아픔을 주는 것같아 바로 잡아채지는 못한다. 아주 작은 키에서 기어코 귀여운 꽃을 찾아내는 기쁨도 있으니 기다림도 필요하다. 하지만 씨앗까지 내주는 인내심은 없다. 몇 백개 몇 천개의 씨앗이 내년에는 잔디보다 더 많은 생명체를 가져오기 때문이다.

어쩌면 제 자리도 모르고 아무데서나 잘난체하는 사람, 평등한 사회에서 큰소리치면 높은 자리에라도 오른 듯 몰염치한 이들을 보면 잡초보다도 못하다는 느낌이 든다. 힘들게 지내온 사람을 가리켜 잡초 같은 인생이라지만 흔히 잡초보다도 못한 사람들도 많은듯하여 서글픈 오늘을 사는 기분이다.

잡초는 처음부터 쓸데없는 것은 아니니라. 제 자리를 찾지 못해 잡초로 인정되기도 한다. 쓸데없는 잡초가 되기도 하지만 청초하고 귀한 난초가 되기도 하리라. 제일 흔한 망초대는 나물로도 먹지만 약초로도 여러 가지 효능이 있다고 한다. 조금의 흙만 있어도 자생하는 쇠비름 또한 각종 암세포 성장을 억제할 수 있다하여 밭을 누비고 다니던 사람들도 흔히 볼 수 있었다.

잔디밭에 숨은 꽃 팬지를 뽑아야 하나 망설일 때가 많다. 추위에 일찍 꽃을 피워낸 정성이 갸륵하기도 하고, 예쁜 고양이 얼굴로 웃고 있으니 차마 손을 댈 수가 없다. 어디서 날아온 씨앗이 꽃밭에 자리를 잡았으면 좋으련만, 뿌리 내리기도 험난한 잔디밭에서 잔디보다 더 작은 몸집에 꽃잎도 아주 작아 밟히고 치여 아픔도 많다. 하지만 끝내 꽃을 피우고 씨앗을 남기려는 정성이 지대하다. 길가의 팬지보다 백배는 작아 보여 자신을 내세우지 못하고 조용히 숨어있는 듯한 모양이 내 모습이 아닌가하여 발을 조심히 내디디게 된다.

집 근처 팔당호 수변 지역에 2년 전부터 조각조각 화단을 만들고 여러 가지 꽃을 심고 가꾸어 예쁜 꽃밭을 조성했다. 한참 지나니 허술해진 틈을 타 잡초들이 터를 잡고 주인행세를 한다. 올해는 꽃들보다 잡초가 무성하더니 지금은 하얀 개망초 꽃들이 하얀 이불을 빨아 널어놓은 듯하고, 달빛에 비친 꽃들은 한겨울 눈밭을 연상케 한다. 잡초라고 한 번도 돌보지 않았건만 넓은 공원을 꽉 메운 하얀 여름 꽃 개망초, 계란을 닮아 계란꽃이라고도 부르는 작은 꽃들이 강물까지 하얗게 물들여 놓았다.

정성으로 심은 여러 가지 꽃들은 자취를 감추었지만 개망초와 잡초들은 하나의 씨앗이라도 더 남기려 혼자의 힘으로 비바람을 이겨내고 있다. 적막한 땅에 사람들의 발에 짓밟히기도 하지만 끈기를 다해 꽃을 피워내고 수많은 작은 씨앗을 맺어낸다.

요즘 인구 정책으로 많은 혜택들을 쏟아내지만 출산율 0.6명대가 코앞이고, 저 출산이 지속되면 20년 후엔 인구가 소멸되어 나라의 존폐까지 위험하다는 기사를 가끔 접하게 된다. 사람을 잡초에 비하는 것은 어폐가 있지만 이 또한 잡초보다 못한 삶이 아닌가도 생각하게 한다. 지금 생활이 어렵다고 모든 것들을 포기하려는 우리사회는 과연 무엇을 위해 살아야 하는지 잡초 같은 생활도 조금은 필요하지 않을까 생각하게 한다. 태어나서 성장하여 한 가정을 이루고 자식을 위한 희생만큼 고귀한 사랑은 없다고 한다. "세상에서 가장 허무한 고독을 느끼는 사람은 자녀들이 없이 인생을 마감하는 사람"이라고 독일의 철학자 쇼펜하우어는 고백하고 있는데 괜한 걱정을 하고 있는 것은 아닌지 모르겠다.

얼마 전 "태어나면 불행할 것이 뻔한 아이도 낳아야 하나요?" 전에 다니던 본당 신부님의 글이기도 하지만 제목에 의문을 갖고 빠져들었다.

"부제 서품 축하 저녁식사 후 잠깐 어머니와 둘이 있었는데……, 이제 와서야 하는 얘기지만 우리 막내아들 부제님은 태어나지 못할 뻔했지." 자초지종은 들어보니 어머니가 저를 임신했을 당시에 어려운 가정 형편 때문에 입 하나라도 줄이려고 부모님은 낙태하는 쪽으로 가닥을 잡았는데 결정적인 순간 '그래도 믿는 사람이 어떻게……'. 그래서 아이는 무사히 태어났고 이 글을 쓰고 있으며 지금은 신학생들과 행복하게 지내고 있다고 한다. 신발 두 켤레를 놓고 살지 말지 고민할 수는 있겠지만 '삶의 질'과 '삶의 질의 전제가 되는 생명 자체'를 놓고 무엇을 선택할지 고민할 일은 아니라는 이야기다. 선택이란 동등한 가치들이 대립하는 상황에서나 고민과 갈등의 대상이 된다는 것이다.

모진 아픔과 어려움을 이겨내고 설령 잡초 같은 인생을 살아온 사람이 더 많은 사랑과 행복을 나눌 수 있다. 밟히고 찢겨도 꽃을 피우고 기어코 수많은 씨앗을 퍼뜨리고야 마는 잡초가 들판을 밝히듯 어렵다고 포기하지 말고, 우리 사회도 많은 아이들이 북적이는 희망찬 앞날이 되기를 희망해본다. 어차피 태어난 인생 자녀 하나쯤은 남겨야 하지 않을까. 수천 수백 개 잡초들의 작은 씨앗은 아닐지라도 나라가 소멸된다는 위험한 상황에 빠지지 않도록 하는 것이 우리들의 책임이라 생각된다.

매일 아침 잡초를 뽑으며 예쁜 꽃을 기다리기도 하고 어떤 모양을 하고 나올까 관심어린 눈으로 지켜보기도 한다. 어디서부터 날아온 작은 씨앗일까? 오늘은 빨간 단풍나무 두 잎이 유난히 맑게 유혹하는 기분 좋은 아침이다.

흙과 함께하니 좋은 날

아침밥을 안쳐놓고 텃밭으로 나간다. 가지 두 개, 고추 여섯 개, 호박 두 개를 손이 모자라 가슴에 품고 뿌듯한 미소로 아침을 맞는다. 아침에 딴 채소만으로도 식탁이 풍성하니 건강은 걱정 없으리라 믿고 풀 한 포기라도 뽑으려 다시 호미를 찾아 마당으로 나선다.

남편의 40여 년 공직생활을 마치고 고향에 자그만 집을 짓고 내려온 지 3년째다. 산골 마을은 운전을 못하는 나에게 유배지인 듯하여 면 소재지 마을에 터를 잡아 불편함 없이 지내고 있다. 마당 한편에 텃밭을 가꾸며 흙에 대한 고마움에 매일 감사하는 마음과 식물들에서 많은 것들을 배우며 살아간다.

흙을 만지면 느껴지는 부드러움에서 엄마의 포근함과 아버지의 땀방울을 찾을 수 있으니 정겹기만 하다. 그럴 때면 먼 하늘을 우러러 두 분의 얼굴을 그리며 미소를 지어본다. 엄마의 웃음 띤 모습에서 모든 시련을 내려놓고 고향의 마음으로 돌아갈 수 있는 용기도 내어준다.

흙은 식물에게 있어 의식주와 같다고 한다. 식물의 몸을 덮어 주거나 자랄 때 필요한 물과 양분을 공급하여 뿌리를 지탱할 수 있게 한다. 하나의 작은 씨앗에 생명을 탄생시켜 많은 꽃과 풍성한 열매를 준다. 작은 고추씨 하나에서 오 십여 개의 고추가 뾰족뾰족 달린 것을 보면 손자를 보듯 기쁨이 넘쳐난다.

고추만이 아니다. 토마토, 가지, 오이, 호박, 옥수수 등 심어만 놓으면 주렁주렁 열리니 눈으로 보는 재미도 좋지만, 입에서 느껴지는 재미는 달콤한 황홀감이다.

좋은 열매를 맺기 위해서는 주인의 노력이 절대 필요하다는 것을 느낀다. 작물을 심기 전에는 좋은 토양을 만들기 위해 퇴비로 밑거름을 충분히 해야 한다. 김장배추를 심기 위해 지난달 감자 캔 두렁에 퇴비를 흠뻑 뿌려놓고 기다리고 있으니 모든 일에는 때가 있고 기다림이 필요하다는 것도 흙과 함께하는 또 하나의 배움이 아닐까 한다.

씨를 뿌리는데 어떤 것들은 길에 떨어져 새들이 와서 먹고, 흙이 많지 않은 돌밭에 떨어진 씨앗은 싹은 돋지만 뿌리가 없어서 말라버린다. 또 어떤 것들은 가시덤불 속에 떨어지는데 가시덤불이 자라면서 숨을 막아버린다. 그러나 어떤 것들은 좋은 땅에 떨어져 열매를 맺는데 어떤 것은 백배, 예순배, 서른배가 되었다는 성경 구절이 떠오른다. 씨 뿌리는 사람의 비유로 쓰였지만 착한 마음과 좋은 흙이 주는 교훈에서 삶의 의미를 다시금 깨닫게 된다.

우리는 흔히 '씨가 좋아야 한다' 아니면 '밭이 좋아야 한다'라는 말을 우스개 처럼 하기도 한다. 농사를 지을 땐 건실한 씨앗도 중요하지만 작물의 중심이 되는 뿌리를 지탱해주고 영양을 공급해 주기 위해서는 좋은 흙이 있어야 함은 두말할 나위 없다. 척박한 땅보다는 기름진 땅이라야 노력한 만큼의 풍성함과 가슴을 채울 수 있는 환한 웃음까지 맛볼 수 있으니라.

'농사를 지으면 가난할 사람이 없을 텐데…….'
얼마 전 감자를 캐던 이웃 아주머니의 말씀이다. 감자 씨 반쪽에서 한 바가지의 뽀얀 야구공들이 보슬보슬 고운 흙 속에서 굴러 나온다. 아기 볼을 만지듯 조심스레 쓰다듬어 바구니에 담는다. 파삭파삭한 맛이 입속에 오래도록 머무른다. 단순한 자연의 섭리이고 당연한 것이겠지만 내 손으로 직접 할 수 있다는 것에 의미가 있으니 뿌듯함은 열 배가 되어 돌아온다. 혀끝으로 느껴지는 신선함 또한 텃밭을 가꾸는 이유가 된다.

  삶의 희기기 느껴진디면 조그만 텃밭을 가꾸라 하고 싶다. 시골로 이사 한지 두 달 후 딸이 손주를 안겨주어 집 가꾸며 손자 봐주기에 바빴다. 새로운 환경에 적응하며 서울로 아기 보러 다니는 재미로 2년 이상을 지냈다. 손자가 말을 시작하고 정말 눈에 넣어도 아프지 않을 무렵의 어느 날, 딸과 사위는 외국 생활을 동경하더니 느닷없이 세 가족이 함께 독일로 떠난단다. 코로나가 한창 확산되던 2월의 마지막 날 피신이라도 하듯 비행기에 몸을 실었다.

  시집은 보냈지만 가까운 곳에 있기에 늘 함께였다고 생각했다. 하나뿐인 딸마저, 내 몸을 다 주어도 아깝지 않은 손자를 볼 수 없으니 서운하고 허전함에 손에 잡히는 일이 없다. 각종 모임이고 자치센터의 수강마저 끊겨버리니 갈 곳도 없고 갈 수도 없는 노릇이다.

  하지만 텃밭에 심어놓은 작물들은 생명체이기에 나의 손길을 기다리고 있다.

  물을 주고 풀을 뽑고 좋은 흙으로 가다듬어 정성을 다하니 거짓말을 못하는 식물들이기에 풍성함은 두 배, 그리고 기쁨도 한 아름이 된다. 가지와 호박 몇 개로 이웃과 나누는 재미 또한 쏠쏠하니 생활의 재미를 채워주는 흙에게 감사할 뿐이다.

  울타리 삼아 심어놓은 뽕나무, 블루베리, 복분자, 감, 대추로 계절별 먹을거리도 풍성하니 생각도 가득 채워지는 기분이다. 영상으로만 만날 수 있는 손자를 가슴으로 안아 볼 수 있는 날이 빨리 오기만을 기다리며 빨간 토마토 한 알로 허전한 마음을 메우고 있다.

꿈꾸는 작은 정원

　길을 가다 잠깐 들리는 "작은 정원"은 마트에 갈 때마다 그냥 지나칠 수 없는 길옆 넓지 않은 집 마당이다. 일이 있어 버스를 타러 갈 때도 그 길을 거쳐야 하니 작은 정원을 지나치지 않고는 먼 길을 돌아가야 한다. 그러다 보니 나뿐만 아니라 주변 사람들도 그 길을 이용하고 있지만 정작 정원에 드나드는 사람은 그리 많지 않다.

　시골 마을이라 그런지 대문은 언제나 활짝 열려있고 50여평 정도의 잔디밭이 발길을 유혹한다. 눈길을 끄는 건 여러 가지 꽃들과 정돈된 텃밭이다. 입구에 앙증맞은 두 마리 토끼 조각품과 부엉이도 한 몫을 한다. 좀 넓어 보이는 데크에는 테이블 두 개가 누군가의 얘기를 기다리듯 조심스레 앉아있다.

　" 작은 정원"이 마음에 드는 건 아담한 건축물과 현관 밖의 책

꽂이에 나란히 꽂혀있는 책들이다. 목조주택에 벽은 회색과 흰색으로 단조로움을 주어 일본풍이 나는 듯하지만 우선 깨끗함에서 마음을 사로잡는다. 밖에 놓여있는 책들은 오가는 사람들이 볼 수 있도록 정리해 놓은 것 같아 따뜻한 정을 느끼게 된다. 특별히 좋아하는 이유가 있느냐고 물으면 불만이나 답답한 얘기들을 아무 이유 없이 들어주는 주인의 조용하고 넓은 마음일 것이다.

대문에 걸려있는 작은 안내판에는 "잠시 여기에"라는 문구 옆에 어린이 어른 동화 등 문학지가 있다는 글과 장기, 바둑 탁구도 가능하다는 듯 점 점 점으로 표시되어있다. 그냥 지나치는 정원이 아니고 요즘 유행하는 베이커리 정원이 아닌 잠깐이지만 의미있는 시간을 보내고 가라는 숨겨있는 뜻이 내포되어 있는 듯하다. 다른 정원과는 달리 보는 것에 지나치지 않고 원하는 책을 직접 읽어 주고 대화도 나눌 수 있는 장소라는 걸 알게 되었다.

그곳에선 직접 만든 차를 마실 수도 있고 계절에 따라 제철 과일들을 따 먹을 수 있어 정말 좋다. 딸기, 앵두, 오디, 보리수, 포도, 대추, 감 많은 양은 아니지만 여러 가지 과일들이 손길을 잡아 입으로 당겨 보낸다. 어느 곳에서 공짜로 이런 싱싱함을 맛볼 수 있을까. 올해는 앵두와 까만 오디가 온 동네로 퍼져 까만 입술과 진짜 앵두 입술들을 만들어 놓았다.

"작은 정원"에서는 취미 생활도 가끔씩 할 수 있는 곳이다. 도자 흙으로 작은 접시를 만들거나 좋아하는 그릇을 만들어 재주를 뽐내고, 그림 그리기로 마음의 여유를 찾아 삶의 활력을 얻기도 하는데 이때에는 항상 참새 까치 고양이들의 응원이 있어 재

미는 배가된다. 그 중 특별히 마음에 드는 것은 재잘재잘 참새 소리와 스치는 바람 소리다.

그곳은 마음에 드는 것도 많지만 내 생각에 제일 좋은 건 바로 우리 집 가까이에 있고 잔디밭에 텐트를 칠 수 있는 점이다. 빌라에 갇혀있던 아이들이 멀리 가지 않고 자연과 접할 수 있으니 온 가족이 함께할 수 있기 때문이다. 작은 정원은 그냥 들리기만 하면 된다. 입장료도 없고 준비물도 없이 잠시 들렀다 가는 곳이다. 볼만한 책들이 있고 심심찮은 장난감 (놀것)이 있고 마실 것이 있고 간식거리가 있으니 이만하면 한번 들려봐도 좋지 않을까? 금 같은 시간을 허비하지 않는 꿈꾸는 작은 정원이 될 것만 같다.

"작은 정원" 같은 곳이 실제로 존재하지 않는다.

하지만 지금 준비중에 있고 주인은 그렇게 살아가기를 희망하고 있다. 넓지도 크지도 않지만 작은 정원을 통해 누군가와 대화를 나누기도 하고 나눔을 실천할 수 있는 아름다운 공간을 만들어 가고 있다. 이웃들이 자주 들러 많은 이야기를 만들어주는 작은 공간, 아름다운 장소가 되었으면 좋겠다.

그곳이 지금 만들어 가는 우리 집이다.

감이 익어가는 시간

몇 개 열린 감을 찾아보다 산 너머 먼 하늘만 바라보게 된다.
집을 지으면서 담장 옆에 심어놓은 감나무 한그루에 하얀 꽃이 서너 송이 피어 잘 익어가기만을 기다렸다. 4년이 지났으니 올해는 감을 먹을 수 있겠지 하는 마음으로 시간을 기다렸다. 며칠 전 열린 감이 얼마나 자랐을까 하는 생각에 찾아봤지만 무성한 나뭇잎에 파란 감은 산골짝으로 숨어버렸는지 기린 목을 하고 고향의 산 밑에서 탐스럽게 자라고 있는 감을 찾고 있었다.
동네에서 제일 오래된 집이 우리 집이다. 남한산성 북문 밖으로 삼십 분 정도 뛰어 내려오면 몇백 년 된 큰 느티나무가 보이고 잣나무가 대여섯 그루 우뚝 서 있으니 눈 감고도 찾을 수 있다. 뒷마당에는 큰 대접 감나무, 담장 옆으로는 닭장과 작은 뾰족 감나무가 있고 개울가에는 산수유나무가 줄지어 있는 산 아래 첫 마을의 첫 집이다.

　전기가 들어오지 않아 중학 시절만 해도 등잔불을 켜고 개울 건너에서 들려오는 늑대 울음소리를 듣기도 하고 뒷산의 소쩍새 소리도 들었다. 방 윗목의 볏가마에서는 쥐새끼들이 찍찍대는 소리를 들으며 긴장감에 잠이 들기도 했다, 중학교 졸업을 하고서야 전기가 들어와 새 세상을 맞은 듯 빨간 전등에 기뻐했고, 앞 개울물을 먹다가 고등학교 졸업 때쯤 집안에 펌프 우물을 파서 꽁꽁 언 개울물을 도끼로 깨지 않고 편하게 먹었던 기억이 그리움으로 새록새록 하다.

　어린 시절엔 감나무 밑에서 노는 시간이 많았다. 따스한 봄날 감꽃이 떨어지면 떨떠름한 꽃을 주워 먹기도 하고, 풀줄기에 길게 엮어 목걸이를 예쁘게 만들어 누가 긴가 뽐내기도 했다. 놀다가 배고프면 다 빼먹어 빈 줄을 목에 달고 뛰어다니기도 했다. 또 감잎을 모아 하얀 뒷면에 글씨를 쓰고 그림도 그려 돈놀이도 하면서 한 장 한 장 세어가며 소꿉놀이하던 시절도 있었다.

　과일나무에는 예쁜 꽃이 많이 피지만 그만큼의 튼튼한 과실을 맺지는 못한다. 작은 열매들이 자라는 도중 떨어지는 게 반은 되는 것 같다. 그 옛날 감나무도 그랬다. 떨어진 작은 파란 감들을 모아 공기놀이를 하고 실에 꿰어 만든 목걸이는 그럴듯했다.

동글동글 초록색 구슬이 멋진 빛을 발하기도 했으니까. 지금같이 장난감 없어도 자연에서 스스로 찾아가며 재미를 느꼈던 시절이 있었으니 지금의 텃밭을 놀이터 삼아 지내는 게 그때 터득한 묘미는 아닐는지.

  퇴촌에서 고향인 고골까지는 22키로미터, 남한산성 산줄기로 이어지는 한 자락에 있으니 마음만 먹으면 하루에도 몇 번씩 갈 수 있는 거리다. 옛날에는 같은 광주군 지역이었으나 1989년 하남시로 행정구역이 변경되었지만 멀지 않은 거리임에는 변함이 없지만, 부모님이 돌아 가신지 이십여 년이 되고 보니 멀지 않은 고향임에도 엄마를 찾아 떠나는 길만큼 멀어져만 간다. 감나무에 열린 감을 찾다 파란 하늘에서 엄마를 보았고, 소꿉장난하던 그림자만 쫓아다니다 꿈을 꾼 듯 아련하다.

시골에서 태어나 27년을 부모님의 사랑과 자연의 포근함 속에서 자라고, 결혼과 직장으로 서울과 수원에서 30여 년을 떠돌았다. 긴 직장생활을 끝마치고 남편의 고향에 터를 잡고 돌아왔다. 이젠 다른 곳을 찾아 떠나기는 어려운 듯싶다. 감나무도 심고 대추나무도 심었으니 기다리면 먹을 수 있다는 희망을 갖고 설령 열매는 없어도 푸르른 나무를 보며 마음도 푸르러 청청하게 지내야 할 것 같다.

올해는 감이 안 열렸더라도 내년에는 탐스러운 연시를 기다리련다. 커다란 나무에 새들이 찾아와 기저귀며 노래하면 그들의 얘기를 들어주리라. 자연은 늘 평온하니까.

황금들판 보는 것만으로도 좋은데

새벽이슬을 머금고 고개 숙인 벼 이삭들이 아침 햇살에 영롱하다.

아파트 빌딩 숲의 틈새로 고개를 내민 따스함이 오늘의 기분을 더 맑게 해준다. 쑥 넝쿨 사이에서 환하게 웃어주는 나팔꽃보다 귀여운 메꽃, 철 지나 뽐내고 서 있는 게으름뱅이 망초 꽃, 강아지 꼬리를 닮은 강아지풀, 이름 모를 들꽃들이 하얀빛을 품고 이슬과 함께 앉아있다.

아침 일찍 눈을 뜨면 논둑길이 보고 싶어 가는 곳이 있다. 가까운 곳에 공원이 없어서이지만 도심에서 맛보는 농촌 분위기가 더 좋은 이유이다. 눈에 보이는 모든 땅이 내 땅이고 내 곡식이 되어간다. 논에 물이 마르나 유심히 살펴보기도 하고 벼 이삭이 언제 나오나 들여다보기도 한다. 이 논은 왜 벼를 심지 않고 피만 잔뜩 피게 했나 투덜거리기도 한다. 사시사철 그곳을 찾고 있지만 요즘같이 아름답고 풍성한 황금 들판은 보는 것만으로도 행복하다.

農者天下之大本이라 했는데 요즘은 너 나 할 것 없이 농사일을 꺼려한다. 시골에 젊은 사람이 없어 얼마 후엔 농촌이 없어진 다는 얘기까지도 나온다.

정부에서도 쌀이 남아돌아 쌀 소비 진작책을 펼쳐나가고 이젠 1992년에 도입되었던 농지보전 구역도 해제하여 쌀 재배지에 공장, 창고, 상가를 지을 수 있게 한다고 한다.

지금도 농토를 훼손하여 집이나 아파트를 짓는 것을 자주 보는데 그래도 절대농지만은 절대로 남겨 두는 게 좋지 않을까 하는 바람이다.

처음 공무원을 시작하여 면사무소에 근무할 때의 일이 어렴풋이 떠오른다. 그때만 해도 배고픈 사람들이 많고 쌀이 모자라 식량 증진을 위하여 쌀 수확량이 많은 통일벼를 권장했다. 밥맛이 좋은 추청(아끼바레)은 심지 못하도록 했다.

봄철이면 볍씨 담는 것을 단속하고 못자리도 직접 나가 쌀 수확량이 많은 종자를 심도록 했으니 식량 자급자족이 되지 않던 시절이라 식량증산을 위한 고육지책이었다. 각 농가를 방문하여 일반 볍씨를 담가놓으면 모두 쏟아버리고 못자리를 밟아버리기도 했다.

너무 아깝고 안타까워 어쩌지 못할 때가 한두 번이 아니었는데 이제 40여년이란 세월이 흘러 쌀이 남아돌아 농토를 줄이고 쌀 소비를 늘리려는 시대에 살고 있다. 그만큼 발전하고 잘사는 나라가 되었으니 고마울 따름이다.

오늘아침 즐거운 마음으로 걸었던 황금 들판도 내년에는 볼 수 없는 지역이 된다고 한다. 사방이 아파트로 둘러싸여 있지만 그래도 가까운 곳에서 만날 수 있는 유일한 농지였다. 그 넓은 농토가 머지않아 아파트 부지로 활용된다니 빌딩 숲에서 무슨 정을 나누며 살아갈 수 있을까 안타까울 뿐이다.

농사를 짓는 아버지의 딸로 태어나서인지 농토에 애착이 많고 농촌은 항상 놓은 곳으로 기억된다. 옛날 아버지는 그러셨다. 새벽같이 일어 나 제일 먼저 찾아가는 곳이 논밭이었다. 농작물이 주인 발소리를 듣고 자란다고 해서일까 하루도 빠지지 않고 한 시간 이상 다 돌고 오셔야 아침을 드셨다.

손길이 닿지 않은 곡식은 먹지도 말라고까지 하셨다. 한 포기의 작물이라도 정성과 노력으로 키워야 한다는 게 아버지의 지론이다. 황금 들판을 거닐며 많은 농사로 하루도 쉬지 않고 고생하시다 흙으로 돌아가신 아버지를 생각하니 눈시울이 붉어진다.

화성시와 경계를 이루며 권선동과 망포동을 사이에 두고 넓게 펼쳐져있는 들판이 자주 운동 삼아 다니고 있는 논둑이다. 추청 등 여러 품종의 벼를 심어 생육상태를 관리하고 요즈음 보기 힘든 조, 수수, 보리 등을 심어 눈요기도 가능하기에 더더욱 지난 시절을 떠올릴 수 있는 정감이 가기도 하는 곳이다.

건물 사이로 비추는 저녁노을이 예쁘고, 가끔 철새들이 날아와 촬영지가 되어 많은 사람들의 휴식공간으로도 충분했던 그곳. 거기에 내년이면 아파트 건립이 예정되어 다닐 수가 없는 곳이 된다고 하니 섭섭한 마음 그지없다.

파란 논밭도, 황금 들판도 보는 것만으로도 황홀하고 부자가 되기도 했는데 그 또한 지난 일로 기억될 것이다. 아파트 빌딩 숲도 보기 좋지만 마음을 풍요롭게 하고 자연을 느낄 수 있는 공간은 남겨 두었으면 하는 바람이다.

내일 아침에도 일찍 일어나 언제 없어질지 모르는 황금 들판을 걸어야겠다.

| 후기 |

"세월은 유수와 같다"라는 말을 요즘처럼 공감하며 살아가는 때도 없는 것 같습니다.

  10주기에 책 한 권을 함께 냈으니 20주기에도 한 권의 책을 만들자고 남편과 약속했습니다.

  해 줄 거라고는 현충원에 잠들어있는 아들을 찾아 꽃 한 다발, 때론 커피 한 캔, 가끔은 소주 한 병을 가지고 가는 게 전부입니다.

  생각이야 매일 같지만 글로 옮기는 작업도 일인지라 그리 쉽지만은 않았습니다.

  책상에 앉아 술술 풀어나갈 때도 있지만 며칠을 끙끙대다 시작과 마무리가 뒤엉켜 처음부터 다시 시작하곤 하기도 했습니다.

  그동안 모아온 글들을 대충 추려보니 책 한 권은 될듯하여 따로 출판하자하니 쾌히 승낙해 준 남편이 고마웠습니다. 그동안 찍어놓은 사진들을 글 사이에 넣어 단순함이나 지루함을 보완하려는 노력도 기울였습니다.

　오로지 나만의 책을 완성하고 싶어서입니다. 책 제목을 세우고 구성과 단락도 꼼꼼히 채워가는 과정을 통해. 서툴지만 손때가 묻었으니 정감이 가는 한 권의 책으로 완성되었다고 자평해 봅니다.

　이 책을 아들에게 보이면 진짜 좋아할 겁니다. 독일에 살고있는 딸에게 보내주면 더 좋아하겠지요. 가족은 정말 소중합니다. 여러분들을 사랑하며 살아가고자 다짐해 보기도 합니다.

　모든 것에 감사합니다.

되돌아가고 싶은 날들

초판 1쇄 인쇄 2025년 8월 27일
초판 1쇄 발행 2025년 8월 30일
저　자 석순옥
발행인 박지연
발행처 도서출판 도화
등　록 2013년 11월 19일 제2013-000124호
주　소 서울시 송파구 중대로34길 9-3
전　화 02) 3012-1030
팩　스 02) 3012-1031
전자우편 dohwa1030@daum.net
인　쇄 (주)유진보라
ISBN 979-11-92828-93-0 *03810
정가 17,000원

잘못 만들어진 책은 교환해 드립니다.
저자와 출판사의 허락 없이 책의 전부 또는 일부 내용을 사용할 수 없습니다.

도화道化, fool는
고정적인 질서에 대한 익살맞은 비판자,
고정화된 사고의 틀을 해체한다는 뜻입니다.